Curso de español lengua extranjera

Experiencias

INTERNACIONAL **1**

Rebeca Martínez Aguirre
Patricia Sáez Garcerán

Libro de ejercicios

edelsa

Primera edición: 2019

© Edelsa, S. A. Madrid, 2019
© Autoras: Rebeca Martínez Aguirre y Patricia Sáez Garcerán

Equipo editorial
Coordinación editorial: María Sodore
Edición y corrección: Alicia Iglesia
Diseño de cubierta: Carolina García
Diseño y maquetación de interiores: Estudio GRAFIMARQUE, S.L.

Fotografías
123 RF, p. 7 logo de Twitter [dreamcursor] © 123RF.COM; Marc Márquez [mik38] © 123RF.COM; Isabel Allende [Marlene VD] © 123RF.COM; p. 8 comisaría [tktktk] © 123RF.COM; p. 9 Enrique Iglesias [Penny Mathews] © 123RF.COM; Roger Federer [Leonard Zhukovsky] © 123RF.COM; Sofía Vergara [buzzfuss] © 123RF.COM; Javier Bardem [buzzfuss] © 123RF.COM; Shakira [buzzfuss] © 123RF.COM; p. 24 Ciudad de México [Dan Talson] © 123RF.COM; p. 25 Los Reales Alcázares [Massimo Santi] © 123RF.COM; p. 27 Bilbao [Manuel Cuadro] © 123RF.COM
Cubiertas de ediciones Cátedra, p. 77

Audio
Locuciones y montaje sonoro: Bendito Sonido
Voces: Olga Hernangómez y Ángel Morón

ISBN: 978-84-9081-375-1
Depósito legal: M-13753-2019
Impreso en España / *Printed in Spain*

- Las normas ortográficas seguidas en este libro son las establecidas por la Real Academia Española en su última edición de la *Ortografía*.
- La editorial Edelsa ha solicitado los permisos de reproducción correspondientes y da las gracias a todas aquellas personas e instituciones que han prestado su colaboración.
- Las imágenes y documentos no consignados más arriba pertenecen al Departamento de Imagen de Edelsa.
- Cualquier forma de reproducción de esta obra solo puede ser realizada con la autorización de la editorial, salvo excepción prevista por la ley. Diríjase a CEDRO (Centro Español de Derechos Reprográficos, www.cedro.org) si necesita fotocopiar o escanear algún fragmento de esta obra.

ÍNDICE

Unidad 1 — ¿Quién soy?
Secuencias 1, 2 y 3 .... p. 4 - 9
DELE: comprensión de lectura y comprensión auditiva .... p. 10 - 11

Unidad 2 — ¿Qué haces y cuándo?
Secuencias 1, 2 y 3 .... p. 12 - 17
DELE: comprensión de lectura y comprensión auditiva .... p. 18 - 19

Unidad 3 — ¿Cómo es tu barrio?
Secuencias 1, 2 y 3 .... p. 20 - 25
DELE: comprensión de lectura y comprensión auditiva .... p. 26 - 27

Unidad 4 — ¿Cómo eres?
Secuencias 1, 2 y 3 .... p. 28 - 33
DELE: comprensión de lectura y comprensión auditiva .... p. 34 - 35

Unidad 5 — ¿Te gusta?
Secuencias 1, 2 y 3 .... p. 36 - 41
DELE: comprensión de lectura y comprensión auditiva .... p. 42 - 43

Unidad 6 — ¿Cómo es tu casa?
Secuencias 1, 2 y 3 .... p. 44 - 49
DELE: comprensión de lectura y comprensión auditiva .... p. 50 - 51

Unidad 7 — ¿Qué tomamos?
Secuencias 1, 2 y 3 .... p. 52 - 57
DELE: comprensión de lectura y comprensión auditiva .... p. 58 - 59

Unidad 8 — ¿Cuál es tu imagen?
Secuencias 1, 2 y 3 .... p. 60 - 65
DELE: comprensión de lectura y comprensión auditiva .... p. 66 - 67

Unidad 9 — ¿Tienes una vida sana?
Secuencias 1, 2 y 3 .... p. 68 - 73
DELE: comprensión de lectura y comprensión auditiva .... p. 74 - 75

Unidad 10 — ¿Qué experiencias importantes has tenido?
Secuencias 1, 2 y 3 .... p. 76 - 81
DELE: comprensión de lectura y comprensión auditiva .... p. 82 - 83

Transcripciones .... p. 84

UNIDAD **1**   **¿QUIÉN SOY?** | SECUENCIA **1**

1 ¡HOLA! ¿QUÉ TAL?

Help the student greetings + goodbyes

1. Es el primer día de clase. Ayuda a los alumnos a saludar y despedirse.

Hola, buenos días, ¿qué tal? | Adiós, hasta mañana | Hola, buenas tardes

[18:00]   [11:00]   [13:00]

a. ....   b. ....   c. ....

2 ¿CÓMO TE LLAMAS?

1. Marta, la profesora, <u>conoce</u> a sus estudiantes. Lee los diálogos y completa las fichas.

to know

— ¡Hola! Me llamo Marta, Marta López, y soy profesora. Y tú, ¿cómo te llamas?
— Buenos días, Marta. Yo me llamo Erika.
— ¿Cuál es tu apellido?
— Lenz.
— ¿De dónde eres?
— Soy alemana, de Berlín. ¿Y tú?
— Soy española, de Salamanca.

— Y tú, ¿cómo te llamas?
— Soy Massimo.
— ¿Eres italiano?
— Sí, soy italiano, de Milán.
— ¿Y cuál es tu apellido?
— Baldi, me llamo Massimo Baldi.
— Encantada, Massimo.
— ¡Encantado!

AYUDA

➲ **Decir el nombre**
-Me llamo Erika.
-Soy Erika.

Nombre: ....
Apellido: ....
País: ....
Nacionalidad: ....
Ciudad: ....

Nombre: Marta
Apellido: ....
País: ....
Nacionalidad: ....
Ciudad: ....

Nombre: ....
Apellido: ....
País: ....
country Nacionalidad: ....
city Ciudad: ....

4 | cuatro

2. Ayuda a Erika y a Massimo a organizar la información y completa.

Saludos
–
–

Preguntas de información personal
–
–
–

Nombre	Apellido
–	–
–	–
–	–

Nacionalidades
–
–
–

Ciudades
–
–
–

Países
–
–
–

3. Ahora, pregunta a tu profesor/-a y completa su ficha.

Nombre: ....
Apellido: ....
País: ....
Nacionalidad: ....
Ciudad: ....

4. Ayuda a Marta. Relaciona y subraya los verbos.

a. yo
b. tú
c. él
d. nosotras
e. vosotros
f. ellas

1. Son de México.
2. Me llamo…
3. ¿De dónde eres?
4. Es de Argentina.
5. Somos españolas.
6. ¿Cómo os llamáis?

3 ¿CÓMO SE ESCRIBE?

🎧 LABORATORIO DE FONÉTICA

Las frases afirmativas interrogativas y exclamativas

- En español, las frases terminan con un punto (.). *Soy Marta.*
- En las frases interrogativas se usan los signos de interrogación (¿?) al principio y al final de la frase. *¿Cómo se escribe?*
- En las frases exclamativas se usan los signos de exclamación (¡!) al principio y al final de la frase. *¡Bienvenido!*

1. Completa las frases con ¿?, ¡! o .
  a. Cómo te llamas
  b. Encantado
  c. Me llamo Celia
  d. Hola
  e. Qué tal
  f. Soy argentina

2. Escucha y marca la opción correcta, como en el ejemplo.

¿Eres española?/Eres española.

  a. Es profesora./¿Es profesora?
  b. Son argentinos./¿Son argentinos?
  c. Sois de París./¿Sois de París?
  d. ¿Te llamas Pablo?/Te llamas Pablo.

UNIDAD **1**   **¿QUIÉN SOY?** | SECUENCIA **2**

1 ¿DE DÓNDE ERES?

1. En la fiesta de fin de curso los profesores presentan platos de su país. ¿De dónde son?

a. La *pizza* es ....

b. El dulce de leche es ....

c. El cuscús es ....

d. La paella es ....

e. Los crepes son ....

f. El *sushi* es ....

● ¿Conoces otros platos típicos? ¿Cuáles son y de dónde vienen?

....

2 ¿QUÉ LENGUAS HABLAS?

1. ¿Qué lenguas hablan los profesores de la escuela?

Marta López habla muy bien español, bien inglés y un poco de francés. Quiere estudiar portugués.

– Marie Deschamps ....

– Mariko Yamamoto ....

– Las tres ....

– Dos ....

2. ¿Y tú? ¿Qué lenguas hablas?

6 | seis

3 ¿POR QUÉ ESTUDIAS ESPAÑOL?

1. En la escuela reciben estos mensajes por Twitter. Completa con *para* o *porque*.

> https://twitter.com
> busca en twitter   María Pérez
>
> Buenos días, ¿buscas información sobre nuestros cursos de idiomas?   a quién seguir
>
> **@ilovetetaly:** ¡Hola! Me llamo Valentina, hablo inglés, francés e italiano porque soy de Roma. Ahora quiero aprender español .... hablar con mi amiga chilena.
>
> **@locodecadiz:** ¡Buenos días! Quiero aprender chino .... trabajo mucho con compañeros de allí.
>
> **@k-popforever:** Hola, ¿qué tal? 🙂 Quiero aprender coreano .... vivir allí.
>
> **@camoesalpoder:** Hablo un poco de portugués y quiero hablar muy bien .... viajo mucho a Río de Janeiro. Muchas gracias.
>
> **@muchaslenguas:** Hablo inglés, francés, español y un poco de chino… ¡Ahora quiero aprender ruso .... mi novia es de Moscú! ❤
>
> **@Pedro34:** Soy Pedro, hablo español, inglés, árabe y quiero aprender japonés .... viajo mucho a Japón. ¡Gracias por la información!
>
> **@Martha:** ¡Hola! Quiero estudiar español .... ir de vacaciones a Madrid.

2. Para la fiesta, cada profesor presenta a un personaje famoso de su país.

A. Escucha y escribe el nombre en cada imagen.

B. Escucha la presentación y completa las fichas.

Nombre:
Apellidos: *Márquez Alentà*
Nacionalidad y país: /
Profesión:
Lenguas:

Nombre:
Apellidos: *Allende Llona*
Nacionalidad y país: *peruana* /
Profesión:
Lenguas:

siete | 7

UNIDAD 1 ¿QUIÉN SOY? | SECUENCIA 3

1 ¿QUÉ HACES?

1. Escribe la profesión que corresponde a cada imagen.

bombero | informático | enfermera | cantante | peluquero | policía

a.  .... b. 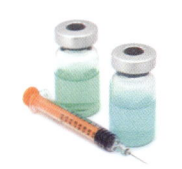 .... c.  .... d.  .... e.  .... f. ....

2 ¿CUÁL ES LA PROFESIÓN MÁS INTERESANTE?

1. Marta hace esta actividad en clase. Observa las fotos y escribe la profesión. Después, identifica el lugar de trabajo y escribe frases, como en el ejemplo.

policía | cocinero | actriz | abogada | profesor | médico | ~~veterinaria~~ | fotógrafo

Las profesiones

a. *veterinaria*
b. ....  
c. .... 
d. .... 
e. .... 
f. .... 
g. .... 
h. ....

Los lugares de trabajo

1. una escuela
2. una comisaría
3. un teatro
4. un hospital
5. un restaurante
6. un tribunal
7. un estudio
8. una clínica

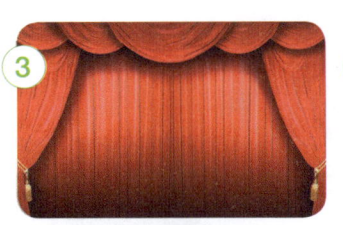

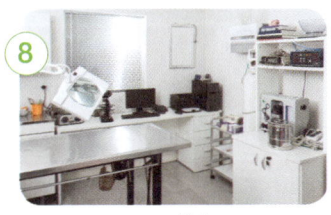

8 | ocho

a. *Es veterinaria, trabaja en una clínica.*
b. ....
c. ....
d. ....
e. ....
f. ....
g. ....
h. ....

2. Y tú, ¿qué haces?
....

3 ¿QUIÉNES SON ESTOS FAMOSOS?

1. ¿Conoces a estos famosos? ¿Cómo se llaman? ¿Cuál es su profesión? ¿Y su nacionalidad? Escribe una descripción, como en el ejemplo.

FAMOSOS	PROFESIÓN	NACIONALIDAD	LENGUAS
■ Enrique Iglesias	■ cantante	■ suizo/a	■ español
■ Roger Federer	■ actor/actriz	■ español/-a	■ inglés
■ Sofía Vergara	■ deportista	■ colombiano/a	■ alemán
			■ francés

Enrique Iglesias es cantante, es español y habla español e inglés.

....
....
....
....

....
....
....
....

2. Ahora, presenta a estos famosos.

Javier Bardem

....
....
....
....

Shakira

....
....
....
....

UNIDAD **1** | EXAMEN DELE

COMPRENSIÓN DE LECTURA

Lee esta presentación. A continuación, responde las cinco preguntas sobre el texto. Elige la respuesta correcta (*a*, *b*, *c* o *d*).

> **Escuela de idiomas:** Aquí hablamos lenguas
>
> Hola, futuros estudiantes, bienvenidos:
>
> ¡Os presentamos nuestra escuela y a sus profesores!
>
> En la escuela Aquí hablamos lenguas trabajan profesores nativos de diferentes lenguas. Vamos a conocerlos: Peter es el profesor de inglés, es de Londres, y además habla español, coreano y un poco portugués. João es el profesor de portugués, es brasileño, de São Paulo, y habla español. También trabajan en la escuela las profesoras de español, Marta e Irene. Marta es española, de Salamanca, e Irene es peruana, de Lima. Marie, la profesora de francés, e Irina, la profesora de ruso, son francesas, de París. Mariko es japonesa, de Tokio, es la profesora de japonés, y Mohammed es el profesor de árabe, es marroquí, de Casablanca. Mariko estudia español con Marta porque su novio es colombiano, de Bogotá, y Mohammed estudia portugués con João porque quiere vivir y trabajar en Portugal.
>
> ¡Encantados de conoceros!

PREGUNTAS

1 ¿Qué lengua no enseñan en la escuela?
- a. Español.
- b. Francés.
- c. Coreano.
- d. Japonés.

2 ¿De dónde es João?
- a. De España.
- b. De Portugal.
- c. De Brasil.
- d. De Perú.

3 ¿Qué lengua enseñan Marta e Irene?
- a. Español.
- b. Ruso.
- c. Portugués.
- d. Inglés.

4 ¿Por qué estudia portugués Mohammed?
- a. Porque su novia es colombiana.
- b. Porque quiere vivir en Portugal.
- c. Porque quiere trabajar en Portugal.
- d. Porque quiere vivir y trabajar en Portugal.

5 ¿De dónde son las profesoras de francés y de ruso?

a.   b.   c.   d.

COMPRENSIÓN AUDITIVA

A continuación escucharás cinco diálogos breves entre dos personas. Oirás cada diálogo dos veces. Después de la segunda audición, marca la opción correcta (*a*, *b*, *c* o *d*).

Ejemplo:

Mujer: *Carlos, ¿tienes las entradas para el concierto de Enrique Iglesias?*

Hombre: *Sí, aquí están. Vamos mañana a las 22:00.*

¿A qué hora es el concierto?
La opción correcta es la c.

a.   b.   c.   d.

Diálogo 1

1 ¿Quiénes son?

a.   b.   c.   d.

Diálogo 2

2 ¿De dónde es Laura?

a.   b.   c.   d.

Diálogo 3

3 ¿Qué lengua no habla Jorge?

a.   b.   c.   d.

Diálogo 4

4 ¿Cuál es la profesión de Raquel?

a.   b.   c.   d.

Diálogo 5

5 ¿Por qué estudia español Juan?

a.   b.   c.   d.

UNIDAD 2 — ¿QUÉ HACES Y CUÁNDO? | SECUENCIA 1

1 ¿QUÉ HORA ES?

1. Laura aprende las horas. Ayúdala y relaciona.

a. Son las seis en punto.
b. Es la una menos cuarto.
c. Son las ocho y media.
d. Son las dos menos veinte.
e. Son las doce y diez.
f. Son las cuatro menos veinticinco.

2. Ahora, Laura pregunta las horas. Subraya la opción correcta.

¿Qué hora es?

Es la/Son las una y cuarto.

Es la/Son las cinco *de/por* la tarde.

Es la/Son las once y cuarto *de/por* la noche.

3. Completa estas series de números que te propone Laura.

a. trece – quince – .... – diecinueve
b. veintiséis – veintisiete – veintiocho – ....
c. seis – nueve – doce – ....
d. cinco – diez – .... – veinte
e. veinte – .... – dieciocho – diecisiete
f. .... – ocho – doce – dieciséis

2 ¿CUÁL ES EL HORARIO?

1. Lee este cartel de la escuela de Laura y completa los meses del año, los días de la semana y las estaciones.

Escuela Cervantes

¡Aprende español!

Novedad: Clases extra en enero, junio y septiembre.

Programa cultural
- Visita al Reina Sofía el sábado por la mañana
- Paseo por el Rastro el domingo

Excursiones fin de semana
- Toledo: sábado 14 y domingo 15
- Aranjuez: último fin de semana del mes

Horario de invierno:
Abierto de lunes a viernes
de 10:00 a 14:00 y
de 17:00 a 20:00

Cerrado los fines de semana.

Horario de verano:
Abierto de lunes a jueves
de 9:30 a 14:30

Cerrado los viernes, los fines de semana y el mes de agosto.

LOS MESES DEL AÑO

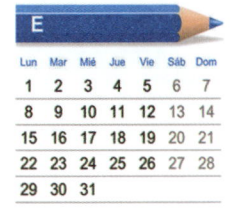

E	FEBRERO	MARZO	ABRIL	MAYO	J
JULIO	AGOSTO	S	OCTUBRE	NOVIEMBRE	DICIEMBRE

LOS DÍAS DE LA SEMANA

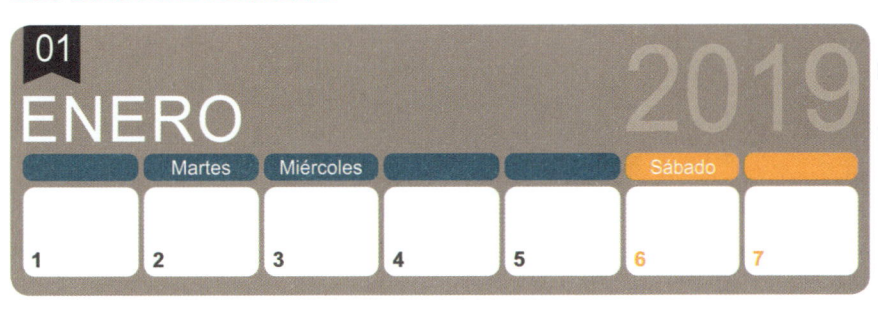

01 ENERO 2019

	Martes	Miércoles			Sábado	
1	2	3	4	5	6	7

LAS ESTACIONES

i............... primavera   v............... otoño

2. Ahora, responde a estas preguntas.

a. ¿A qué hora está abierta la escuela en invierno?
....

b. ¿Qué días está cerrada todo el año?
....

c. ¿Cuándo visitan el Reina Sofía?
....

d. ¿En qué meses hay clases extra?
....

e. ¿A qué hora cierra en verano?
....

f. ¿Cuándo visitan Aranjuez?
....

LABORATORIO DE FONÉTICA

La r y la rr

La letra *r* cambia su pronunciación dependiendo de su posición en la palabra.

- Pronunciación **suave**, cuando está entre vocales (*a, e, i, o, u*): ene*r*o, ho*r*ario
- Pronunciación **fuerte**:
  – Al comienzo de una palabra: *r*eloj
  – Al final de una palabra: po*r*
  – Cuando se escribe *rr* doble: ce*rr*ado
  – Con la combinación de una consonante y una *r*: b*r*, t*r*: octub*r*e, t*r*einta
  – Cuando va entre una vocal y una consonante: ta*r*de

1. a. Escucha y repite estas palabras.

a. verano		f. calendario
b. ropa		g. serie
c. diciembre		h. trabajar
d. hora		i. perro
e. abierto		j. Laura

b. Subraya las palabras con pronunciación fuerte.

2. Busca otras palabras que conoces en español y decide si la *r* tiene una pronunciación fuerte o suave.

trece | 13

UNIDAD 2   ¿QUÉ HACES Y CUÁNDO? | SECUENCIA 2

1 ¿CUÁL ES SU RUTINA?

1. Rafa, el marido de Laura, tiene sus hábitos y rutinas. Lee el texto y elige la opción correcta.

Rafa desayuna por la mañana *de/desde* 7:00 *a/hasta* 7:30, antes de ir a trabajar. *Por el/A* mediodía come con su mujer Laura en un restaurante. *Por/En* la tarde está en casa con sus hijos. *Por/A* la noche, después de cenar, ve una película de su director de cine favorito: Guillermo del Toro. Los fines de semana cena con sus amigos *a/de* las diez.

2. Estas son las preguntas que le hacen a Rafa sobre su rutina. ¿Puedes completarlas con estos verbos? Después, respóndelas.

cenar | comer | desayunar | hacer (x2)

a. ¿A qué hora .... normalmente por la mañana? ....
b. ¿Qué .... después de cenar? ....
c. ¿Cuándo .... con sus amigos? ....
d. ¿Dónde .... a mediodía? ....
e. ¿Qué .... por las tardes? ....

3. Lee el texto y completa la agenda de Laura.

> Todos los días desayuno a las siete y media de la mañana, y me preparo para ir al trabajo. Allí estoy de ocho y media a una y media del mediodía. Luego, como con mi pareja. A las dos y media tenemos un poco de tiempo para descansar y hablar. A las tres volvemos otra vez hasta las seis. Después, voy a clase de inglés. Luego, en casa, estoy con mi familia y a las nueve y media cenamos todos juntos. Después de cenar, escucho música o veo la televisión.
>
> Los fines de semana, los sábados desayuno a las 10:30 y por la tarde practico deporte con mis amigos. Los domingos como con mi familia, vivimos cerca, y por la noche salgo a tomar algo con Rafa.

HORARIO SEMANAL

	Lunes	Martes	Miércoles	Jueves	Viernes
Mañana					
Mediodía					
Tarde					
Noche					

Sábado:

Domingo:

4. Vuelve a leer el texto, señala los verbos y completa.

	DESAYUN**AR**	V**ER**	VIV**IR**	PREPARAR**SE**
yo				
tú				
él, ella, usted				
nosotros/as				
vosotros/as				
ellos, ellas, ustedes				

2 ¿CUÁNDO HACES ESTAS ACTIVIDADES?

1. Observa la imagen y lee las actividades que aparecen. ¿Cuáles haces tú? ¿Cuándo? Escribe frases, como en el ejemplo.

practicar yoga
bailar
cantar
ver la tele
leer
tomar café
escuchar música
ir de compras
correr

Tomo un café por la mañana.

a. ....
b. ....
c. ....
d. ....
e. ....
f. ....
g. ....
h. ....

2. Ahora, escribe tu rutina.

....
....

quince | 15

| UNIDAD 2 | ¿QUÉ HACES Y CUÁNDO? | SECUENCIA 3 |

1 MOMENTOS DE RELAJACIÓN

1. Laura y sus amigas hablan sobre sus momentos de relax durante la semana. Escucha y señala las actividades que hace cada una.

2. Vuelve a escuchar y escribe cuándo hacen esas actividades.

a. ....
b. ....
c. ....
d. ....

3. Relaciona estos pronombres con los verbos. Luego, escribe frases.

a. yo
b. tú
c. ella
d. nosotros
e. vosotras
f. ellos

1. nos duchamos
2. se levanta
3. leo
4. os bañáis
5. viven
6. cenas

a. ....
b. ....
c. ....
d. ....
e. ....
f. ....

16 | dieciséis

4. Lee cómo se relajan los amigos de Laura. Completa las frases con el verbo en la forma correcta.

a. Diana (relajarse) .... en la playa.
b. Carlos (escuchar) .... música por las noches.
c. Lucas (levantarse) .... tarde los fines de semana.
d. Pablo (leer) .... un libro antes de (acostarse) ....
e. Beatriz (ducharse) .... después de (hacer) .... ejercicio.
f. Óscar (cenar) .... con sus compañeros de clase todos los jueves.

2 OTRAS FORMAS DE RELAJARSE

1. Laura habla con sus compañeros de clase. Lee lo que dicen sobre las actividades que hacen. ¿Tú haces las mismas? Utiliza las expresiones *yo sí*, *yo no*, *yo también*, *yo tampoco* para comentarlo.

> ☺ Yo practico yoga con mis amigos. ☹ Yo no veo la tele.
> ☺ Yo también. / ☹ Yo no. ☺ Yo sí. / ☹ Yo tampoco.

a. Mis amigos y yo vamos al gimnasio todos los días después de clase.
....

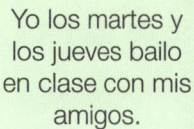

b. De lunes a viernes no veo la tele por la noche.
....

c. Yo no tomo café con mis amigas.
....

d. Por las noches, antes de dormir, muchas veces escucho música para relajarme.
....

e. Yo los martes y los jueves bailo en clase con mis amigos.
....

f. Los domingos por la tarde siempre me baño.
....

g. Después de ir en bici, me relajo.
....

h. Antes de cocinar, preparo la mesa.
....

diecisiete | **17**

UNIDAD **2** | EXAMEN DELE

COMPRENSIÓN DE LECTURA

Lee estas notas. Relaciona cada nota con la frase correspondiente. Hay tres notas que no debes seleccionar.

Ejemplo:
0. Fiesta con amigos por la noche.
*La opción correcta es la **e**.*

a. Sábado por la tarde en el parque de la Fuente del Berro

b. Hoy, 21:30 reserva en restaurante italiano

c. Martes y jueves 16:00-18:00 Escuela España.com

d. Viernes por la tarde, café en casa de Marta

e. Sábado, 22:00, cumpleaños de Jaime

f. Domingo, 9:30 Estación de tren Chamartín

g. Miércoles, 17:00 Museo del Prado con Sonia

h. Escuela de baile Paso a paso Lunes y miércoles 19:00-21:00

i. Mañana a las 22:00 Ciclo de cine español en el Palacio de la prensa

j. 14:00, reserva para dos

0.	Fiesta con amigos por la noche.	e.
1.	Cena esta noche.	
2.	Ver una película.	
3.	Ir a correr con Mario.	
4.	Clases de español.	
5.	Viaje a Sevilla.	
6.	Exposición de pintura.	

COMPRENSIÓN AUDITIVA

A continuación escucharás cinco diálogos breves entre dos personas. Oirás cada diálogo dos veces. Después de la segunda audición, marca la opción correcta (*a*, *b*, *c* o *d*).

Ejemplo:

Mujer: *¿De dónde vienes?*

Hombre: *Del supermercado, pero estaba cerrado.*

¿De dónde viene el señor?

La opción correcta es la b.

a. b. c. d.

Diálogo 1

1. A qué hora está cerrado el centro comercial?

a. b. c. d.

Diálogo 2

2. ¿Adónde van mañana?

a. b. c. d.

Diálogo 3

3. ¿Qué hacen para relajarse?

a. b. c. d.

Diálogo 4

4. ¿Cuándo está cerrado el gimnasio?

a. b. c. d.

Diálogo 5

5. ¿Qué hace Ana el sábado?

a. b. c. d.

| UNIDAD 3 | ¿CÓMO ES TU BARRIO? | SECUENCIA 1 |

1 BARRIOS DE MADRID

1. Descubre la geografía española. Completa la brújula y las frases.

n....................
o.................... e....................
s....................

a. Valencia está en el .... de España.
b. Oviedo está en el ....
c. Andalucía y Murcia están en el ....
d. Barcelona está en el ....
e. Galicia está en el ....
f. Madrid está en el ....
g. Extremadura está en el ....

2. Mario es de Sevilla y viaja a Madrid. Lee los textos de la página 30 del libro del alumno y escribe el nombre de los barrios en este mapa.

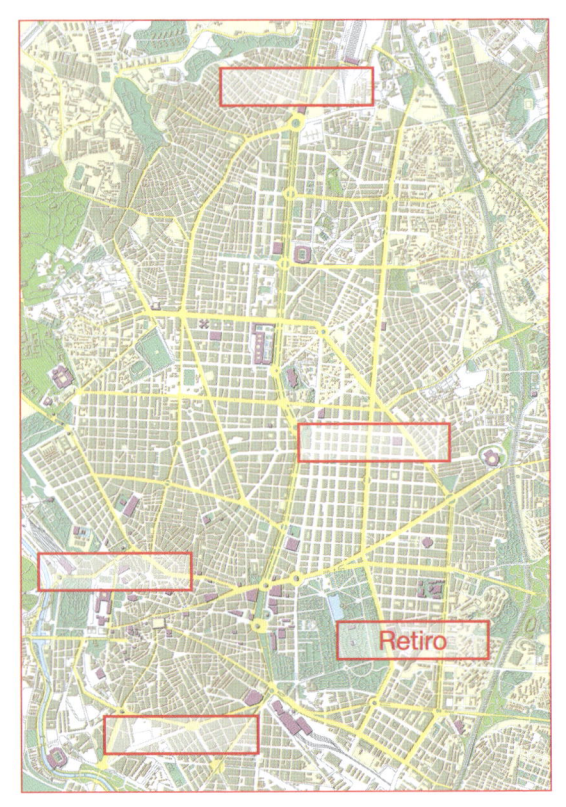

3. Ahora, ayuda a Mario a completar este cuadro con la información de los textos.

Barrio	Dónde está	Cómo es	Qué hay
Negocios	norte		
La Latina			tiendas, casas de colores, etc.
Salamanca		elegante	
Retiro			
Centro histórico			

20 | veinte

2 ¿CÓMO ES TU BARRIO?

1. Mario habla sobre su barrio. Lee el texto y completa el cuadro con la información.

> Mis padres, mi hermano pequeño y yo vivimos en el barrio histórico de Sevilla, está en el centro de la ciudad. Es un barrio muy turístico porque hay muchos monumentos y museos para visitar. Aquí están la catedral, los Reales Alcázares, el Museo de Bellas Artes y el Archivo de Indias. También hay algunas plazas muy bonitas para pasear, como la plaza Nueva y la plaza del Triunfo. Las calles son estrechas con edificios antiguos. Hay una zona comercial con pequeñas tiendas para ir de compras y muchos bares de tapas y restaurantes.

> Mi hermana Carlota vive en el barrio de Triana. Triana está al otro lado del río Guadalquivir. No tiene muchos monumentos, pero es famoso por su buen ambiente. Hay un mercado y muchas tiendas de productos artesanos. La calle Betis es ideal para pasear cerca del río y ver los monumentos del otro lado de la ciudad. Hay muchos edificios antiguos, pero también hay otros más modernos.

	Lugar ¿Dónde está?	Descripción ¿Cómo es?	Existencia ¿Qué hay?
Barrio de Mario			
Barrio de Carlota			

2. ¿Conoces Sevilla? Lee y elige la opción correcta.

> Sevilla *está/es* en Andalucía. *es/está* una de las ciudades más importantes del sur de España con su río: el Guadalquivir. En Sevilla *es/hay* 692 773 habitantes. *está/es* la cuarta ciudad más poblada de España. Su centro histórico *es/está* el más grande de España y es Patrimonio de la Humanidad. En Sevilla *está/hay* turismo todo el año, personas de todo el mundo viajan para visitar sus monumentos y conocer su gastronomía.

3. ¿Y tu barrio? ¿Dónde está? ¿Cómo es? ¿Qué hay? Escribe una pequeña descripción. Utiliza *está*, *es* y *hay*.

....
....
....

veintiuno | 21

UNIDAD **3**   **¿CÓMO ES TU BARRIO?** | SECUENCIA **2**

1   ¿QUÉ HAY EN TU BARRIO?

1. Escribe un artículo indeterminado delante de estos servicios y lugares.

a. .... parque

b. .... oficina de información

c. .... plazas

d. .... mercado

e. .... museos

f. .... palacio

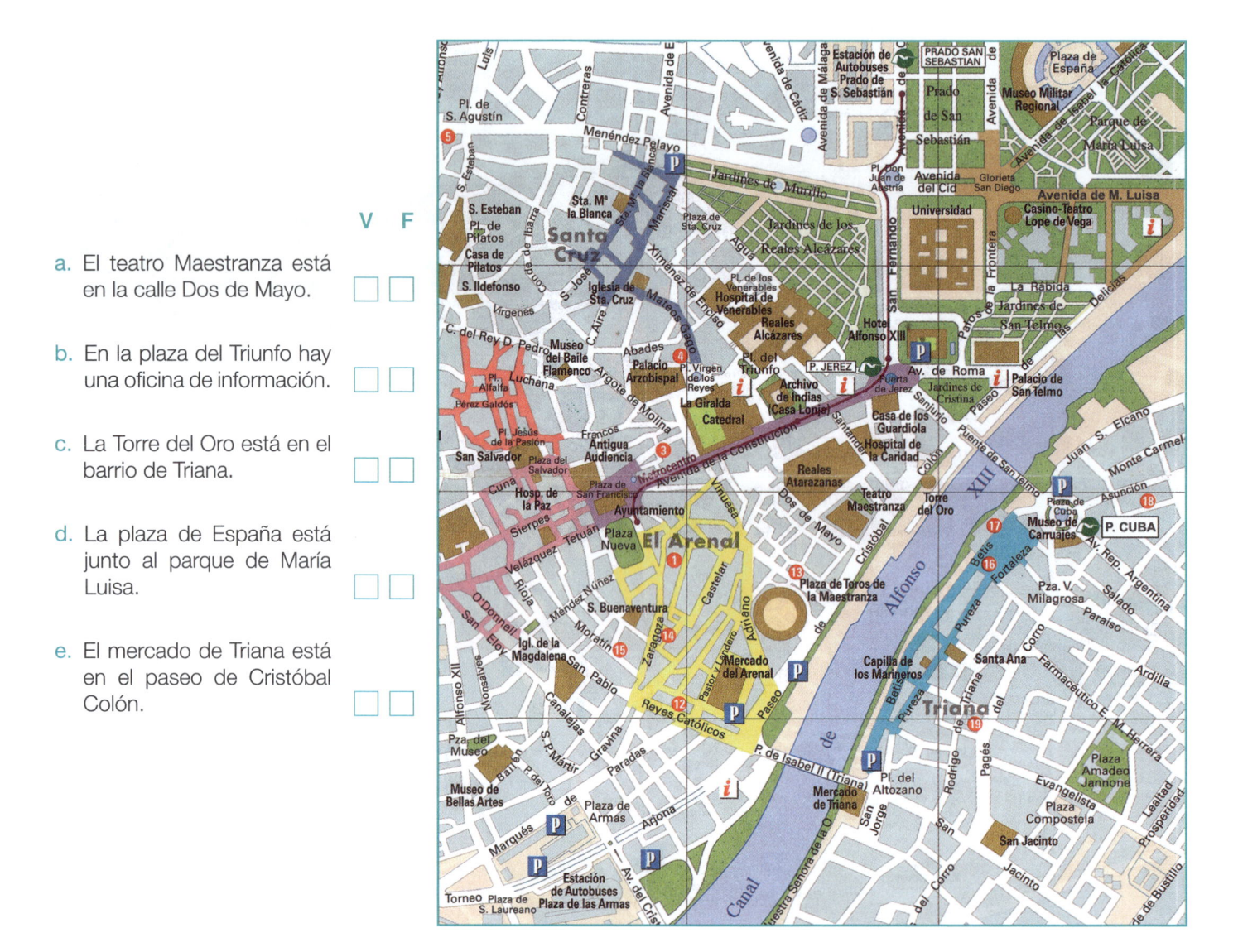

2. Este es un plano de los barrios de Mario y Carlota. Obsérvalo y marca si las siguientes afirmaciones son verdaderas o falsas.

V F

a. El teatro Maestranza está en la calle Dos de Mayo. ☐ ☐

b. En la plaza del Triunfo hay una oficina de información. ☐ ☐

c. La Torre del Oro está en el barrio de Triana. ☐ ☐

d. La plaza de España está junto al parque de María Luisa. ☐ ☐

e. El mercado de Triana está en el paseo de Cristóbal Colón. ☐ ☐

3. Observa el plano otra vez y responde a las preguntas, como en el ejemplo.

¿Qué hay en la plaza de Cuba?
En la plaza de Cuba hay un museo.

a. ¿Dónde está el Museo de Bellas Artes?
....

b. ¿Qué hay en la avenida de María Luisa?
....

c. ¿Dónde está la capilla de los Marineros?
....

d. ¿Qué hay cerca del mercado del Arenal?
....

22 | veintidós

4. Mario habla de los servicios que hay en su barrio. Escucha y señálalos en el ejercicio A de la página 32 del libro del alumno.

5. Escribe el nombre de cada servicio en la definición adecuada.

   a. Sitio para dejar el coche durante un tiempo. ....
   b. Lugar donde hay libros para consultar y leer. ....
   c. Máquina para sacar dinero del banco. ....
   d. Lugar donde se hacen representaciones y otros espectáculos. ....
   e. Tienda donde se venden medicinas. ....
   f. Edificio donde hay tiendas y diferentes servicios. ....

6. Clasifica los servicios del ejercicio A de la página 32 del libro del alumno.

Establecimientos y servicios	Lugares de ocio	Transporte

7. ¿Y tu barrio? ¿Qué servicios tiene?

....
....

LABORATORIO DE FONÉTICA

La *c* y la *qu*

1. Observa las reglas de las letras *c* y *q*.

   La letra *c* + *a*, *o*, *u* se pronuncia /k/.
   *c*alle, espectá*c*ulo

   Las letras *qu* + *e*, *i* se pronuncia /k/.
   pe*qu*eño, a*qu*í

   La letra *c* + *e*, *i* se pronuncia /Ø/.
   *c*iudad, servi*c*io

2. Escucha las palabras y subraya o colorea las sílabas con el color que corresponde a su pronunciación. Por ejemplo: rojo para el sonido /k/, verde para el sonido /Ø/ (quin*ce*). Después, repite las palabras.

   a. colegio
   b. pequeño
   c. edificio
   d. esquina
   e. mercado
   f. medicina
   g. centro
   h. Cuba
   i. parque
   j. cafetería

UNIDAD **3**　　¿CÓMO ES TU BARRIO? | SECUENCIA **3**

1 TOMAS LA TERCERA CALLE A LA DERECHA

1. Mario y Carlota viajan a México. Observa el plano de la página 34 del libro del alumno y escribe una descripción de la colonia Polanco. Utiliza estos nombres de servicios y *hay/no hay*.

En este barrio de México hay…

....

....

....

....

....

....

....

tienda　　　　　　　　bar
estación de metro　　 cine
restaurante　　　　　 parque
hospital　　　　　　　teatro

2. Estas son las preguntas que hace Mario durante su visita a México. Completa con el artículo adecuado si es necesario y responde.

la (x2) | Ø (x3) | una | el | un

a. Perdone, ¿hay .... teatro por aquí cerca? ....

b. ¿Dónde está .... Consulado de España? ....

c. ¿Hay .... restaurantes cerca del parque Lincoln? ....

d. ¿No hay .... estación de metro en la avenida Isaac Newton? ....

e. ¿Está .... tienda de Pronovias en la avenida Presidente Masaryk? ....

f. ¿Hay .... edificios antiguos y modernos en la colonia Polanco? ....

g. ¿Dónde está .... librería? ....

h. ¿Hay .... parques en este barrio? ....

3. Mario habla con su hermana. Completa con el ordinal.

a. Ciudad de México es la 1.ª .... ciudad americana que visito.

b. Nuestra habitación está en el 8.º .... piso del hotel.

c. Es la 3.ª .... vez que cenamos en este restaurante.

d. El parque está al final de la 5.ª .... calle.

e. Toma la 2.ª .... calle a la derecha para llegar a la cafetería.

f. La 9.ª .... calle se llama Anatole France.

g. Este es mi 1.º .... viaje a México.

h. Hoy es mi 3.º .... día en Ciudad de México.

2 PERDONE, ¿SABE DÓNDE ESTÁ?

1. **Carlota también hace turismo. Lee los diálogos y completa la información que falta.**

   ● Perdone, ¿sabe dónde está la librería Gandhi?
   ○ Sí, sigue ↑ todo recto y toma la primera ↱ ....

   ● Perdona, ¿sabes dónde está el teatro Ángela Peralta?
   ○ Sí, está .... final de esta calle, en ∟ ....

   ● Perdona, ¿conoces el restaurante Belmondo?
   ○ Sí, pero está un poco O←→O .... Sigues hasta el final de la calle y luego tomas la primera ↰ ....

   ● Perdone, ¿la Mac Store está en esta calle?
   ○ Sí, está muy OO .... de aquí. Siga ↑ ...., está .... lado de la parada de autobús.

2. **Sitúate en el punto marcado en el plano de la página 34 del libro y elige una opción de cada columna para llegar a estos lugares.**

   Metro | American Park | Centro Cultural Coreano

   a. Toma la calle Arquímedes, la primera a la derecha,
   b. Sigue todo recto por la avenida Presidente Masaryk,
   c. Sigue todo recto por Texas de Brazil Polanco,

   1. toma la segunda a la derecha,
   2. sigue recto,
   3. toma la octava calle a la derecha,

   I. y está al final de la calle.
   II. y está al final de la calle a la derecha.
   III. y está en la esquina de la primera a la izquierda.

3. **Mario y su hermana vuelven de México y preparan una ruta para enseñar su ciudad. Mira el plano de Sevilla y escribe un pequeño texto para visitar estos lugares y monumentos.**

   Visitas Sevilla

   La catedral y la Giralda
   Los Reales Alcázares 
   La Real Maestranza 
   La plaza de España 
   El barrio de Santa Cruz 
   La Torre del Oro 

veinticinco | **25**

UNIDAD **3** | EXAMEN DELE

COMPRENSIÓN DE LECTURA

Lee estas descripciones de estos barrios de Bilbao. Completa las oraciones que aparecen a continuación con la información del texto.

Ejemplo:

0. El barrio de Ocharcoaga-Churdínaga está a las ......*afueras*...... de la ciudad.

Barrio	DEUSTO	IBAIONDO	ABANDO	OCHARCOAGA-CHURDÍNAGA	BEGOÑA
Ubicación	A 5 km del centro	Centro de la ciudad	A 19 min a pie del centro	A las afueras de la ciudad	Cerca del centro
Características	Zona de estudiantes Ambiente de noche con música y mucho ruido	Barrio histórico, residencial y elegante Zona cultural	Zona turística y de servicios Vida cultural	Zona residencial con edificios modernos Ambiente tranquilo	Zona residencial y muy turística Edificios modernos y elegantes
Lugares	Universidad de Deusto Biblioteca Centro deportivo Grandes centros comerciales	Monumentos y museos Edificios medievales y modernos Bares y restaurantes típicos Oficina de información	Museos Plazas y monumentos Restaurantes típicos Parques para pasear	Parques y jardines Colegios Tiendas y mercados Cafeterías	Biblioteca Salas de exposiciones y conciertos Parque Etxebarria y basílica de Begoña Bares de tapas y cafeterías
Transporte	Metro Autobús	Tren Metro	Autobús Metro Tren	Autobús Metro	Autobús

1. El barrio de Begoña está .... del centro.

2. Los estudiantes viven en el barrio de ....

3. Los monumentos y museos más importantes están en ....

4. Desde Ocharcoaga-Churdínaga se puede ir al centro en .... y metro.

5. Ibaiondo está en el .... de la ciudad.

6. Los turistas pueden probar la comida típica en .... y ....

7. Puedo ir a un concierto en el barrio de ....

COMPRENSIÓN AUDITIVA

9 A continuación escucharás cinco mensajes muy breves. Oirás cada mensaje dos veces. Relaciona los textos con las imágenes. Después de la segunda audición, marca la opción correcta. Hay tres imágenes que no debes seleccionar.

Ejemplo:

Mensaje 0. Estoy muy contento de vivir en esta ciudad porque hay muchos espacios verdes. Todos los días voy a correr y a practicar deporte.
La opción correcta es la e.

0	Mensaje 0	e
1	Mensaje 1	

2	Mensaje 2	
3	Mensaje 3	

4	Mensaje 4	
5	Mensaje 5	

a.

b.

c.

d.

e.

f.

g.

h.

i.

veintisiete | 27

UNIDAD **4** ¿CÓMO ERES? | SECUENCIA **1**

1 MI PERFIL

1. A. Observa la página de Facebook de Laura, la pareja de Carlos.

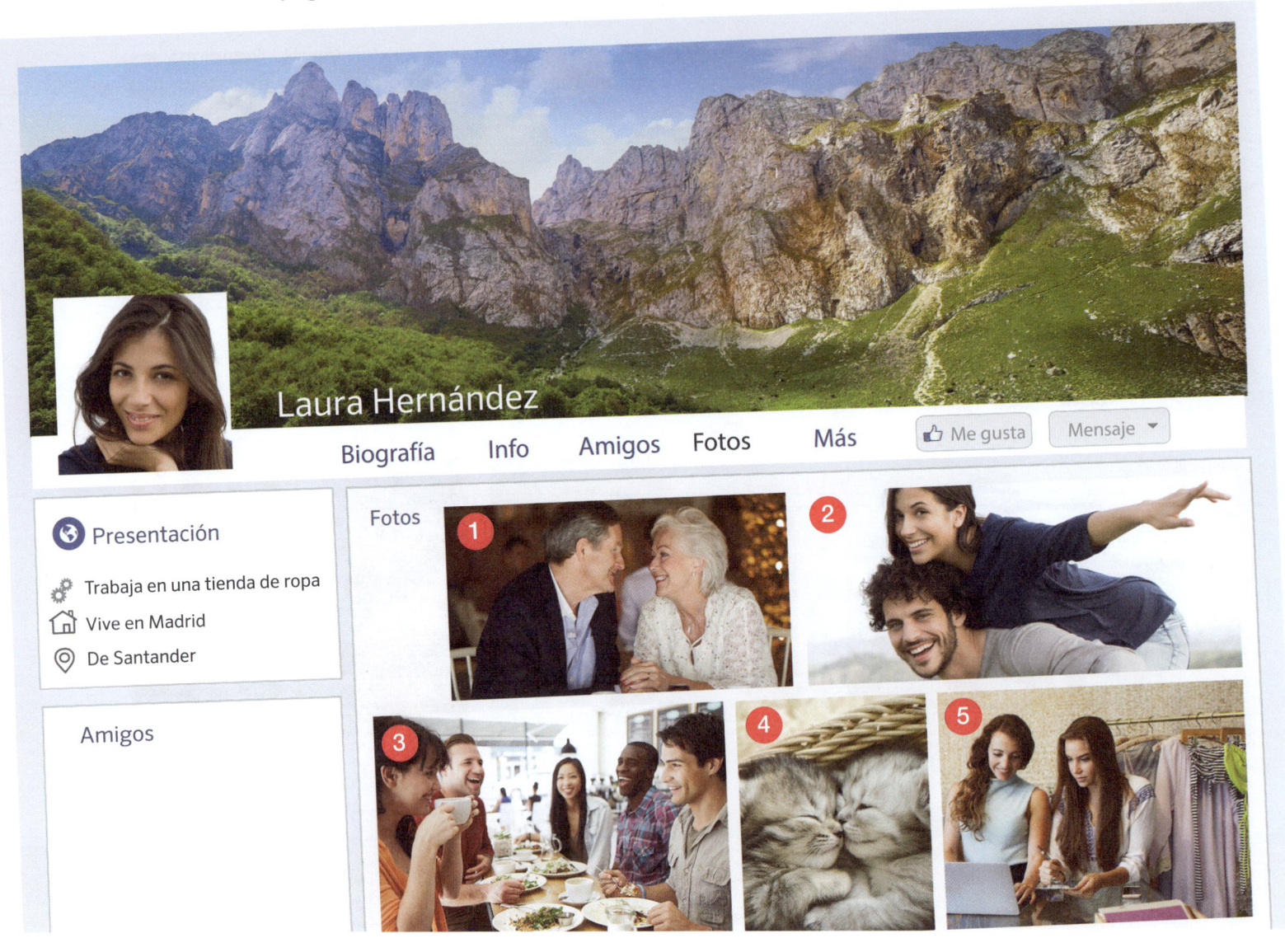

Laura Hernández

Biografía   Info   Amigos   Fotos   Más   👍 Me gusta   Mensaje ▾

🌐 **Presentación**

⚙️ Trabaja en una tienda de ropa
🏠 Vive en Madrid
📍 De Santander

Amigos

Fotos

B. Completa los comentarios de las fotos con estas palabras.

mi | padres | nuestras | compañeras | sus | aniversario | mascotas

a. Lara y Pilar son mis .... de trabajo en la tienda de ropa.

b. Estas son Pintas y Poopsie, mis ....

c. Es el cumpleaños de mi hermano Lucas. En la foto, Lucas está en el restaurante, donde trabaja Carlos, con .... amigos.

d. Es el .... de mis .... En esta foto celebran 40 años de casados.

e. Y este es Carlos, ¡es mi pareja y .... fotógrafo preferido! Esta es una de .... primeras fotografías juntos.

2. Relaciona las fotos con el comentario correspondiente.

a	b	c	d	e

3. Subraya todos los nombres en singular del ejercicio 1 y rodea los nombres en plural.

28 | veintiocho

2 RED DE RELACIONES

1. Laura presenta a su familia. Lee estas frases y completa su árbol genealógico.

- Mi hermana se llama Celia.
- El abuelo de Rocío se llama Diego.
- El tío de mis tres sobrinos se llama Lucas.
- Mi madre se llama Sandra.
- Jimena y Rocío son hermanas.
- Mi hermano se llama Lucas.
- Simón tiene tres hijos. Se llaman Luna, Alma y Víctor.
- Ana es la mujer de mi hermano Lucas.
- Mi hermano Ángel no tiene pareja ni hijos.
- Jimena y Rocío son las hijas de Ana.
- Soledad es la mujer de mi hermano Simón.

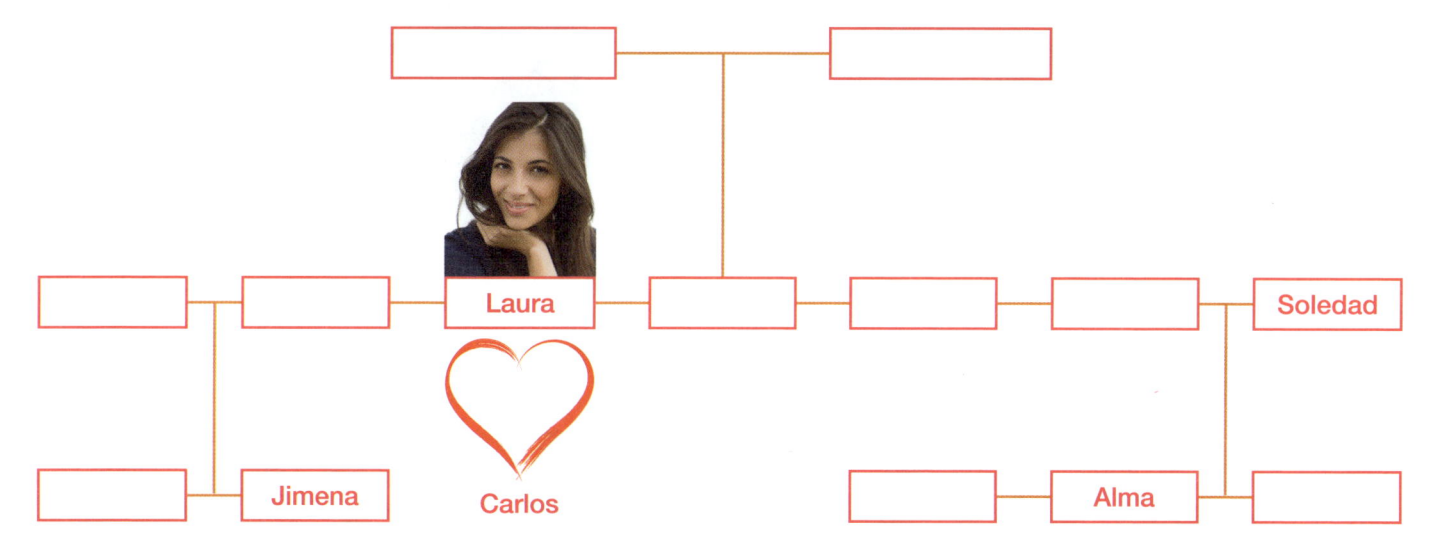

2. Busca en el ejercicio anterior las palabras que significan lo mismo. Añade el posesivo.

a. El hijo de mis padres es ....
b. Los padres de mi padre son ....
c. La mujer de mi padre es ....
d. Los hijos de mi hermano son ....
e. El hermano de mi madre es ....
f. La hija de mis padres es ....

3. Completa estas frases con el posesivo correcto.

a. Mira, este es .... hermano Pablo y .... mujer Sofía.

b. – Raquel y Sergio, ¿cómo se llama .... madre?
– .... madre se llama Isabel.

c. Carlos, ¿es .... padre?
Sí, es .... padre.

d. En la foto están .... sobrinos con .... padres.

e. Marcos tiene un perro, pero es de .... padres.

f. .... tío tiene tres hijos. Celia, Ernesto y Patricia son .... primos.

g. Karin tiene muchas fotos de .... novio.

h. – Lucas, ¿dónde está .... mascota?
– .... mascota está en casa.

i. – Luis y Máximo, ¿esta foto es de .... hermana?
– No, es de .... prima Carolina.

veintinueve | 29

UNIDAD 4 ¿CÓMO ERES? | SECUENCIA 2

1 TU PERFIL EN LAS REDES SOCIALES

1. Carlos tiene una cuenta en Instagram y todos los días publica una foto y un comentario. Completa los comentarios con los posesivos y los adjetivos correspondientes.

trabajador | inteligente | romántico | alegre | tímido | positivo

Una playa de .... ciudad, Málaga, es .... playa preferida.

Estos chicos son .... amigos del colegio.

Trabajo en un restaurante español. Estos son .... platos típicos.

¡............... restaurante es el mejor de Madrid!

Vivo en Madrid y este parque es .... lugar favorito.

¡El parque del Retiro es fantástico!

Este es Víctor, el hijo del hermano de Laura.

.... sobrino es un niño muy 😋 .... y 🥺 ....

.... vacaciones con Laura en Cuba.

La Habana es .... ciudad preferida.

Estos son .... amigos.

Son muy 😋 .... y 😊 ....

.... sobrinos, ... hermano y .... mujer. .... hermano es 🥴 y ....

.... perra Kiara. Es .... mascota.

Es una perra muy 😋 ....

2. Lee los comentarios de las fotos de Instagram de los amigos de Carlos. Busca un nombre, un posesivo y un adjetivo en cada uno de ellos. Después, escribe estas palabras en plural en la tabla.

Roberto

Esta foto es de un paisaje de mi viaje a la montaña… Un viaje a los Pirineos con mi hermano y mi amigo preferido, Carlos.

Aroa

Mi amigo Peter y su pareja, Carla. Peter es inglés y Carla es portuguesa. Él es muy hablador y ella es muy sociable.

	Singular	Plural
Nombre	/	/
Adjetivo	/	/
Posesivo	/	/

2 ¿CÓMO SOMOS?

1. Lee la información del texto C de la página 44 del libro del alumno. Observa las fotos de perfil de los amigos de Carlos. ¿Qué carácter tienen? Utiliza estos adjetivos.

simpático/a ≠ antipático/a | trabajador/-a ≠ vago/a | alegre ≠ triste | positivo/a ≠ negativo/a
tímido/a ≠ extrovertido/a | divertido/a ≠ aburrido/a | introvertido/a ≠ extrovertido/a – sociable

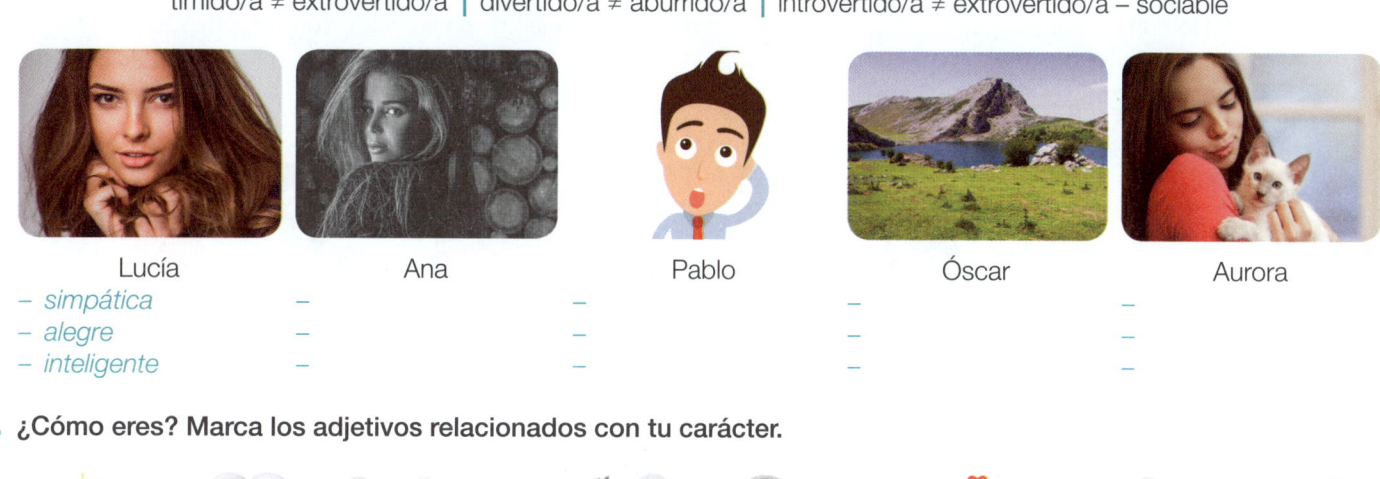

Lucía — Ana — Pablo — Óscar — Aurora

- *simpática*
- *alegre*
- *inteligente*

2. ¿Cómo eres? Marca los adjetivos relacionados con tu carácter.

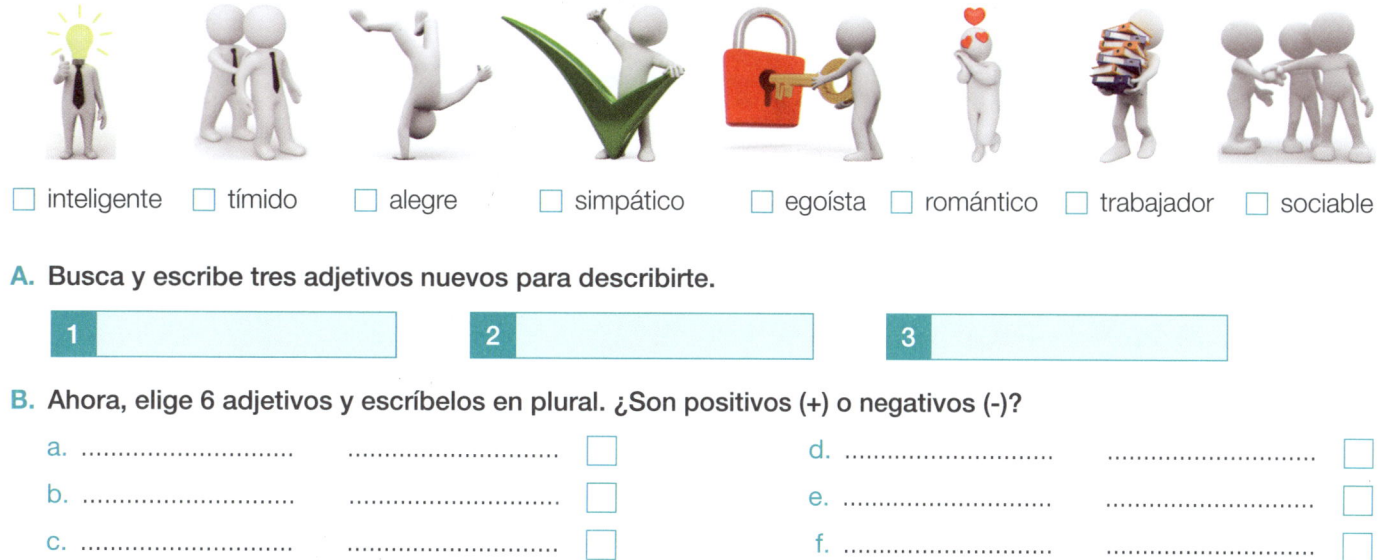

☐ inteligente ☐ tímido ☐ alegre ☐ simpático ☐ egoísta ☐ romántico ☐ trabajador ☐ sociable

A. Busca y escribe tres adjetivos nuevos para describirte.

1. .... 2. .... 3. ....

B. Ahora, elige 6 adjetivos y escríbelos en plural. ¿Son positivos (+) o negativos (-)?

a. .... ☐
b. .... ☐
c. .... ☐
d. .... ☐
e. .... ☐
f. .... ☐

3 PERSONAS IMPORTANTES EN MI VIDA

1. Completa las frases del Facebook de Carlos con el demostrativo adecuado: *este / estos, esta / estas*.

a. Mira, ... es mi prima Ruth con Ricardo, su pareja.
b. .... son Marcos y Luis.
c. .... es Ángel, el tío de Víctor.
d. En mi perfil tengo .... fotos con mi familia.
e. .... foto es en blanco y negro.
f. .... es Carmen y .... es Manuel.
g. Bueno, ... es Román y .... son sus compañeros de trabajo.
h. Pues .... es mi página de Facebook.
i. .... es mi avatar.

treinta y uno | 31

UNIDAD **4** **¿CÓMO ERES?** | SECUENCIA **3**

1 ¿CÓMO NOS VEN LOS DEMÁS?

1. Lee estas opiniones sobre los estereotipos. ¿A qué país corresponden?

a. Son personas muy familiares y muy habladoras. Las familias hacen muchas comidas juntos. Son bastante sociables, muy extrovertidos y muy, muy románticos.

b. No son personas muy familiares, pero hacen muchos aperitivos, en su casa, con sus amigos. Son románticos y bastante simpáticos.

c. Son personas muy trabajadoras. Son muy inteligentes y bastante introvertidos.

Italia ☐   China ☐   Francia ☐

2. ¿Estás de acuerdo con estas opiniones? Elige dos países del ejercicio anterior. Expresa tu opinión y muestra acuerdo y/o desacuerdo. Utiliza estas estructuras.

Expresar opinión	Mostrar acuerdo y desacuerdo
Yo creo que… Yo creo que no…	Estoy de acuerdo. Sí, es verdad. No estoy de acuerdo. Yo creo que no.

Sí, es verdad. Yo creo que los italianos son muy habladores y familiares.

....

....

3. Responde a estas afirmaciones sobre los españoles mostrando acuerdo o desacuerdo.

a. Los españoles son muy desorganizados. ....

b. La gente en España es muy familiar y alegre. ....

c. Los españoles no son trabajadores. ....

d. Las familias españolas son muy habladoras. ....

4. Escucha y marca la información de estos tres amigos de Carlos de las redes sociales.
10

Carácter: ☐ tímida ☐ introvertida ☐ alegre ☐ divertida ☐ sociable ☐ romántica ☐ positiva

Redes sociales: ☐ Facebook ☐ Instagram ☐ WhatsApp

Tipo de foto: ☐ con amigos ☐ en blanco y negro ☐ un paisaje ☐ con gente

Signo: ☐ Virgo ☐ Piscis ☐ Acuario ☐ Aries

Ciudad: ☐ Quito ☐ Puebla ☐ Antigua ☐ Cáceres

Lola

Carácter: ☐ tímido ☐ introvertido ☐ alegre ☐ divertido ☐ sociable
☐ romántico ☐ positivo

Redes sociales: ☐ Facebook ☐ Instagram ☐ WhatsApp

Tipo de foto: ☐ con amigos ☐ en blanco y negro ☐ un paisaje ☐ con gente

Signo: ☐ Virgo ☐ Piscis ☐ Acuario ☐ Aries

Ciudad: ☐ Quito ☐ Puebla ☐ Antigua ☐ Cáceres

Enrique

Carácter: ☐ tímida ☐ introvertida ☐ alegre ☐ divertida ☐ sociable
☐ romántica ☐ positiva

Redes sociales: ☐ Facebook ☐ Instagram ☐ WhatsApp

Tipo de foto: ☐ con amigos ☐ en blanco y negro ☐ un paisaje ☐ con gente

Signo: ☐ Virgo ☐ Piscis ☐ Acuario ☐ Aries

Ciudad: ☐ Quito ☐ Puebla ☐ Antigua ☐ Cáceres

Luisa

5. Elige a un contacto de tus redes sociales y escribe:

| Nombre y apellido: |
| Carácter: |
| Redes sociales: |
| Signo: |

6. Ahora, preséntalo.

Se llama…

LABORATORIO DE FONÉTICA

La *b* y la *v* / La *c* y la *z*

1. Escucha estas palabras y marca con una cruz el sonido que escuchas.
(audio 11)

Sonidos	B/V (bilabial)	C/Z (interdental)
a. **B**ar**c**elona	X	X
b. utili**z**ar		
c. tra**b**ajador		
d. fa**v**orito		
e. **V**enezuela		
f. a**b**urrido		
g. **Z**amora		
h. **C**iudad Real		
i. **vec**es		
j. Alman**z**or		

2. Ahora, escribe los ejemplos de *Ciudad Real, Barcelona, Zamora, Venezuela* y *Almanzor*.

B y *V* son dos letras diferentes que se pronuncian siempre igual.
Bolivia, **V**itoria

C y *Z* son dos letras diferentes que se pronuncian igual cuando se escriben así:

C + e y *C + i* ....

Z + a, Z + o, Z + u ....

Pero suenan diferentes cuando se escribe *c + a, c + o* y *c + u*.

3. Busca en la unidad palabras con estas letras y escríbelas.

B .... C ....

V .... Z ....

treinta y tres | 33

UNIDAD **4** | EXAMEN DELE

COMPRENSIÓN DE LECTURA

Lee los perfiles de estas personas. Completa las oraciones que aparecen a continuación con la información del texto.

Ejemplo:

0. Celia tiene en su perfil a su .... gata ....

	ISABEL RUBIO MARTÍN	ERNESTO JIMÉNEZ GARCÍA	CELIA HITA LORCA	FRANCESCA VICENTTI	THIBAULT HUCHON
Carácter	simpática, trabajadora y muy romántica	muy hablador, sociable y bastante positivo	divertida, tímida e inteligente	alegre, extrovertida y optimista	muy romántico y bastante tímido
Familia	en pareja y sin hijos	soltero y con tres hijos	en pareja	soltera y sin hijos	casado y con un hijo
Signo	Capricornio	Tauro	Aries	Geminis	Capricornio
Foto de perfil	en blanco y negro	un fantástico paisaje con mi pareja	con mi gata	con mis amigos y familia en blanco y negro	un avatar
Ciudad con encanto	Quito, por su centro histórico	Puebla, por ser Patrimonio de la Humanidad	Antigua, por su iglesia amarilla y blanca	Quito, por su catedral	Cáceres, por sus calles, casas y palacios
Idiomas	español, inglés y rumano Madrid	español y francés Buenos Aires	español y alemán Bogotá	italiano e inglés Milán	francés Lyon

1. Isabel y Thibault tienen en común ser .... y ....

2. .... tiene un avatar en su foto de perfil.

3. .... habla español y francés.

4. Isabel y Francesca no tienen ....

5. Thibault habla solo ....

6. Para .... la ciudad con encanto es Antigua.

7. Ernesto y Francesca tienen en común estar ....

COMPRENSIÓN AUDITIVA

12 A continuación, escucharás cinco mensajes muy breves. Oirás cada mensaje dos veces. Relaciona los textos con las imágenes. Después de la segunda audición, marca la opción correcta. Hay tres imágenes que no debes seleccionar.

Ejemplo:

Mensaje 0. En mi perfil de Facebook y de Instagram tengo una foto, en blanco y negro, en una playa fantástica.
La opción correcta es la a.

0	Mensaje 0	a
1	Mensaje 1	

2	Mensaje 2	
3	Mensaje 3	

4	Mensaje 4	
5	Mensaje 5	

a.

b.

c.

d.

e.

f.

g.

h.

i.

treinta y cinco | 35

UNIDAD 5 | ¿TE GUSTA? | SECUENCIA 1

1 LA *GUÍA DEL TIEMPO LIBRE*

1. La revista *Novedades* tiene una sección especial: *Fotos por la ciudad*. Observa las fotos y relaciónalas con el verbo correspondiente.

Ir de tiendas		Ir al cine		Ir en bici	
Ir al museo		Ir al teatro		Ir a pie	

2. Lee y marca las preferencias de estas personas en las secciones de la *Guía del tiempo libre*.

> Yo prefiero ir a un museo o a un concierto al aire libre. También puedo ir con mi familia a conocer las mejores playas.

Carlos

> Sola, prefiero ir de tiendas a grandes centros comerciales. Con mis amigos, prefiero visitar otras ciudades.

Elisa

> Nosotros preferimos las visitas a pie por el centro histórico de las ciudades. Después, podemos ver juntos películas en el cine.

Manuel y Ana

	Arte	Cine y espectáculos	Rutas por la ciudad	Compras	Excursiones	Música
Carlos						
Elisa						
Manuel y Ana						

3. ¿Y tú, qué prefieres hacer? Escribe tres frases. Utiliza alguna de estas palabras.

mercadillo | trabajo | galerías de arte | montaña | película | playa | centro comercial | parque

Prefiero ir a los museos y a las galerías de arte de la ciudad.

....
....
....

2 ¿QUÉ HACES EN TU TIEMPO LIBRE?

1. Lee las actividades que estas personas hacen en su tiempo libre.

Cristina
No tengo mucho tiempo libre. Los fines de semana hago muchas cosas. Los sábados salgo a tomar algo con mis amigos o vamos a la discoteca por la noche a bailar. Los domingos siempre voy de excursión. Vivo en Granada y puedo ir con mi familia a la playa o a la montaña. Yo prefiero ir a la playa y mi pareja prefiere ir a la montaña.

Matías
En mi tiempo libre escucho música en casa o leo. Prefiero ir a los museos o a las exposiciones de fotografía, pero nunca voy al cine. Vivo en Murcia y mis amigos y yo jugamos en la playa a las cartas. Hago mucho deporte, pero no veo el deporte en la tele. Mis amigos van a bailar merengue, pero a mí no me gusta bailar.

Ricardo
Me encanta tener tiempo libre, pero no tengo mucho. En mi tiempo libre no hago deporte, pero veo en la tele todos los partidos de fútbol. ¡Me encanta ver el deporte en la tele! A veces voy al teatro y al cine con mi mujer y después vamos a cenar. Mis hijos prefieren ir a la discoteca y muchas veces a la semana juegan al fútbol.

Luna
Tengo tiempo libre los miércoles porque ese día no trabajo. Todos los miércoles voy al cine con mi amiga Sandra. Trabajo los fines de semana. No puedo hacer muchas cosas los sábados y domingos, pero a veces el domingo por la noche voy al teatro o a bailar salsa.

2. Marca verdadero o falso.

	V	F
a. Cristina y Ricardo no tienen mucho tiempo libre.	☐	☐
b. Ricardo y Matías ven el deporte en la televisión.	☐	☐
c. Luna y Ricardo van al cine.	☐	☐
d. Cristina y Matías van a la playa.	☐	☐
e. Ricardo y Matías hacen mucho deporte.	☐	☐
f. Luna y Matías bailan a veces.	☐	☐

3. Subraya los verbos *jugar*, *hacer* e *ir* del ejercicio 1. Después, escribe las conjugaciones.

Jugar	Hacer	Ir

4. Lee las frases y complétalas con el verbo adecuado.

a. A veces (yo) .... deporte los jueves por la tarde.
b. Mis amigos y yo .... a la playa en verano.
c. Lucas .... todos los días al fútbol.
d. Marta .... por la tarde con sus amigos.
e. Fernando no .... películas francesas en el cine.
f. Yo .... música para relajarme.
g. Mi amiga Isabel .... de tiendas los fines de semana.
h. Natalia y Mar .... los deberes juntas.
i. ¿Qué (tú) ...., el cine o el teatro?

5. Lee las frases y completa con la preposición adecuada: *a (al)*, *de*, *en*.

a. Me gusta ir .... teatro con mi familia.
b. Voy .... excursión muchas veces al año.
c. Quiero ir .... Museo del Prado.
d. Nos encanta ir .... caballo por el campo.
e. Siempre voy .... pie a trabajar.
f. Me encanta ir .... tiendas con mis amigos.
g. Iván y Samuel van .... un museo de historia.
h. A mi familia y a mí nos gusta mucho pasear .... bici.

treinta y siete | 37

UNIDAD **5** ¿TE GUSTA? | SECUENCIA **2**

1 COSAS EN COMÚN

1. En la revista *Novedades* hay un foro sobre las actividades extremas. Lee y completa con los verbos *gustar* o *encantar,* según el icono.

🙂 gustar | 🙂🙂 gustar mucho | 🙂🙂🙂 encantar | 🙁 no gustar | 🙁🙁 no gustar nada

Comentario 1
A mi familia .... (🙂🙂🙂) montar en globo. ¡Es muy divertido! Hacemos esta actividad en primavera. .... (🙂) las actividades extremas. ¡Somos aventureros! No .... (🙁🙁) las actividades en la playa.
Santiago

Comentario 2
.... también .... (🙂) montar en globo, pero prefiero hacer *rafting*. ¡Es muy emocionante! Hago *rafting* en Andalucía en el río Genil en otoño. .... (🙂🙂) ir a hacer *rafting* con mis amigos de la universidad. .... (🙁) el *windsurf* porque como a Santiago .... tampoco .... (🙁) la playa. A nosotros .... (🙂) las mismas cosas.
Sofía

Comentario 3
Santiago y Sofía, ... (🙂🙂🙂) vuestros comentarios. A mis hermanos y a mí .... (🙂🙂) los deportes extremos. Hacemos *rafting* y *windsurf* en verano. No .... (🙁) la montaña, preferimos los deportes en el agua.
Sergio

Comentario 4
Prefiero hacer *snowboard*. ¡Es fantástico! .... (🙂🙂🙂) hacer *snowboard* en Granada, en Sierra Nevada, en invierno en los meses de enero y de febrero. .... (🙂) la nieve y el frío. También .... (🙂) hacer esquí acuático en el Mediterráneo.
Susana

Comentario 5
.... (🙁) ir a la montaña y hacer deporte en la nieve porque .... (🙁🙁) el frío. .... (🙂🙂) los deportes en el agua. Prefiero hacer deportes extremos en la playa en primavera y verano.
Sebastián

2. ¿Qué tienen en común las personas de la actividad 1? Lee y marca la opción correcta.

	Santiago	Sofía	Sergio	Susana	Sebastián
1. ¿A quiénes les gusta hacer *rafting*?					
2. ¿A quiénes no les gustan las actividades en la playa?					
3. ¿Quién hace *snowboard*?					
4. ¿Quiénes prefieren los deportes en el agua?					
5. ¿A quiénes no les gusta ir a la montaña?					

3. Completa las frases utilizando las estructuras: *el/los mismo(s)…* + nombre o *la(s) misma(s)…* + nombre.

a. A Matilde y a Claudia no les gustan .... cosas.

b. Tenemos .... gustos en música.

c. Laura y Luis tienen .... aficiones.

d. A mis padres les gusta mucho .... ciudad.

e. A nosotras nos gusta .... comida.

f. Mis primos ven .... películas en el cine.

g. A Nicolás y a María les gusta .... juegos *on-line*.

h. A Alicia y a Patricia les encanta ir a .... playa en primavera.

i. Mis amigos salen a .... discotecas.

j. A nosotros nos gusta .... deporte.

k. Mis padres leen .... libros.

2 GUSTOS SIMILARES O DIFERENTES

1. Observa estas fotos. Escucha y completa la información de cada uno de ellos.

😄 gustar | 😄😄 gustar mucho | 😄😄😄 encantar | ☹ no gustar | ☹☹ no gustar nada

Nuria
😄 ....
😄😄 ....
😄😄😄 ....
☹ ....
☹☹ ....

Rafael
😄 ....
😄😄 ....
😄😄😄 ....
☹ ....
☹☹ ....

Belén
😄 ....
😄😄 ....
😄😄😄 ....
☹ ....
☹☹ ....

2. Elige a un amigo o a una amiga. Responde a las preguntas sobre las cosas que le gustan y que no le gustan.

A mi amigo/a le gusta el color amarillo.

— ¿Qué color 😄? ....
— ¿Qué comida 😄😄? ....
— ¿Qué deporte ☹☹? ....
— ¿Qué música 😄😄😄? ....
— ¿Qué 😄😄 hacer en su tiempo libre? ....
— ¿Qué ciudad ☹? ....

3. Lee y responde con estas expresiones: *a mí también / a mí tampoco* y *a mí sí / a mí no*.

a. Nos encanta ir al teatro los fines de semana, ¿y a ti? .... 😄
b. Me gusta mucho ir a la biblioteca para estudiar, ¿y a ti? .... ☹
c. No me gusta hacer deportes extremos en la montaña, ¿y a ti? .... ☹
d. A Silvia le gusta mucho ver películas españolas en el cine, ¿y a ti? .... 😄
e. No me gusta ir de tiendas los sábados por la tarde, ¿y a ti? .... 😄
f. Le encanta hacer una maratón de series, ¿y a ti? .... ☹
g. A Luisa le gusta mucho ir a pie al trabajo, ¿y a ti? .... ☹
h. Les encanta salir con sus amigos por la noche, ¿y a ti? .... 😄

4. ¿Y a ti? ¿Qué te gusta?

....
....

UNIDAD 5 | ¿TE GUSTA? | SECUENCIA 3

1 PLANES DIFERENTES

1. En la revista *Novedades* hay otra sección muy importante: *Cursos de cocina*.

A. ¿Te gusta cocinar?, ¿qué sabes preparar?

....

B. Estos son los cursos que propone. ¿Qué curso prefieres? ¿Por qué?

....

a Curso de cocina vegetariana
Arroz y ensaladas
Miércoles
19:00-21:00

b Curso de cocina japonesa
Sushis y makis
Sábados
18:00-20:00

c Curso de cocina española
Tortilla, patatas bravas, croquetas
Sábados
16:00-22:00

d Curso de cocina italiana
Pasta
Miércoles
17:00-20:00

e CURSO DE COCINA MEXICANA
Tacos y burritos
Martes
10:00-12:00

2. Unos lectores de la revista se van a inscribir en un curso de cocina. Lee la información, ¿qué curso eligen?

😄 gustar | 😄😄 gustar mucho | 🙁 no gustar | 🙁🙁 no gustar nada

Alejandro
😄 Los sábados
😄😄 La tortilla
🙁 Ir los miércoles
🙁🙁 El arroz

a. ....

Laura y Elisa
😄 Los martes
😄😄 México
🙁 El horario de 18:00-20:00
🙁🙁 Ir los miércoles

b. ....

Roberto
😄 El horario de 17:00-20:00
😄😄 La pasta
🙁 Ir los sábados
🙁🙁 Las ensaladas

c. ....

3. Elige a una persona del ejercicio anterior y escribe frases, como en el ejemplo.

A Laura y a Elisa les gustan los cursos de cocina los martes de diez a doce.

😄 ....

😄😄 ....

🙁 ....

🙁🙁 ....

4. Lee esta guía de actividades para el fin de semana de la revista *Novedades*. Marca la oferta que prefieres y escribe cuatro frases con tus preferencias.

Fin de semana en Sevilla ☐

- Visita a pie del centro histórico.
- Visita a la catedral.
- Visita al Museo de Baile Flamenco.
- Compras en un mercadillo.
- Paseo en bici.
- Paseo en barco por el Guadalquivir.
- Recorrido por el barrio de Triana.
- Ruta por la noche.

Fin de semana en Málaga ☐

- Excursión a la playa.
- Visita a pie del centro histórico.
- Espectáculo de baile: flamenco.
- Paseo a caballo.
- Excursión a la montaña.
- Autobús turístico.
- Paseo por la calle Larios.
- Museo Picasso.

Yo prefiero el fin de semana en Málaga porque puedo ir de excursión a la montaña.

😄 ....
😄 ....
😄 ....
😄 ....

5. ¿Y en tu ciudad, qué actividades se pueden hacer los fines de semana?

....
....

🎧 LABORATORIO DE FONÉTICA

La *j* y la *g*

1. ¿Las letras marcadas en negrita se pronuncian igual en tu lengua? Escucha estas palabras.

a. traba**j**o   d. al**gu**no   g. ve**ge**tariano
b. **Gu**illermo   e. hambur**gue**sa   h. **gi**mnasio
c. ami**g**o   f. e**j**ercicio   i. **j**ardín

2. Las letras *j/g* tienen diferente pronunciación dependiendo de la vocal que va después. Clasifica las palabras anteriores en esta tabla. Luego, escucha y comprueba.

Sonido suave /g/	Sonido fuerte /x/
ga ☐ *vaga*	ja ☐
gue ☐	je ☐
gui ☐	ge ☐
go ☐	ji ☐ *Jiménez*
gu ☐	gi ☐
	jo ☐
	ju ☐ *Juan*

3. ¿Cómo se pronuncian estas palabras? Practica con tu compañero/a.

a. mujer   c. egoísta   e. lengua   g. pareja
b. hijo   d. jefe   f. guitarra   h. inteligente

4. Escucha y comprueba.

cuarenta y uno | **41**

UNIDAD 5 | EXAMEN DELE

COMPRENSIÓN DE LECTURA

Lee estas notas. Relaciona cada nota con la frase correspondiente. Hay tres notas que no debes seleccionar.

Ejemplo:
0. Hacer deporte.
*La opción correcta es la **a**.*

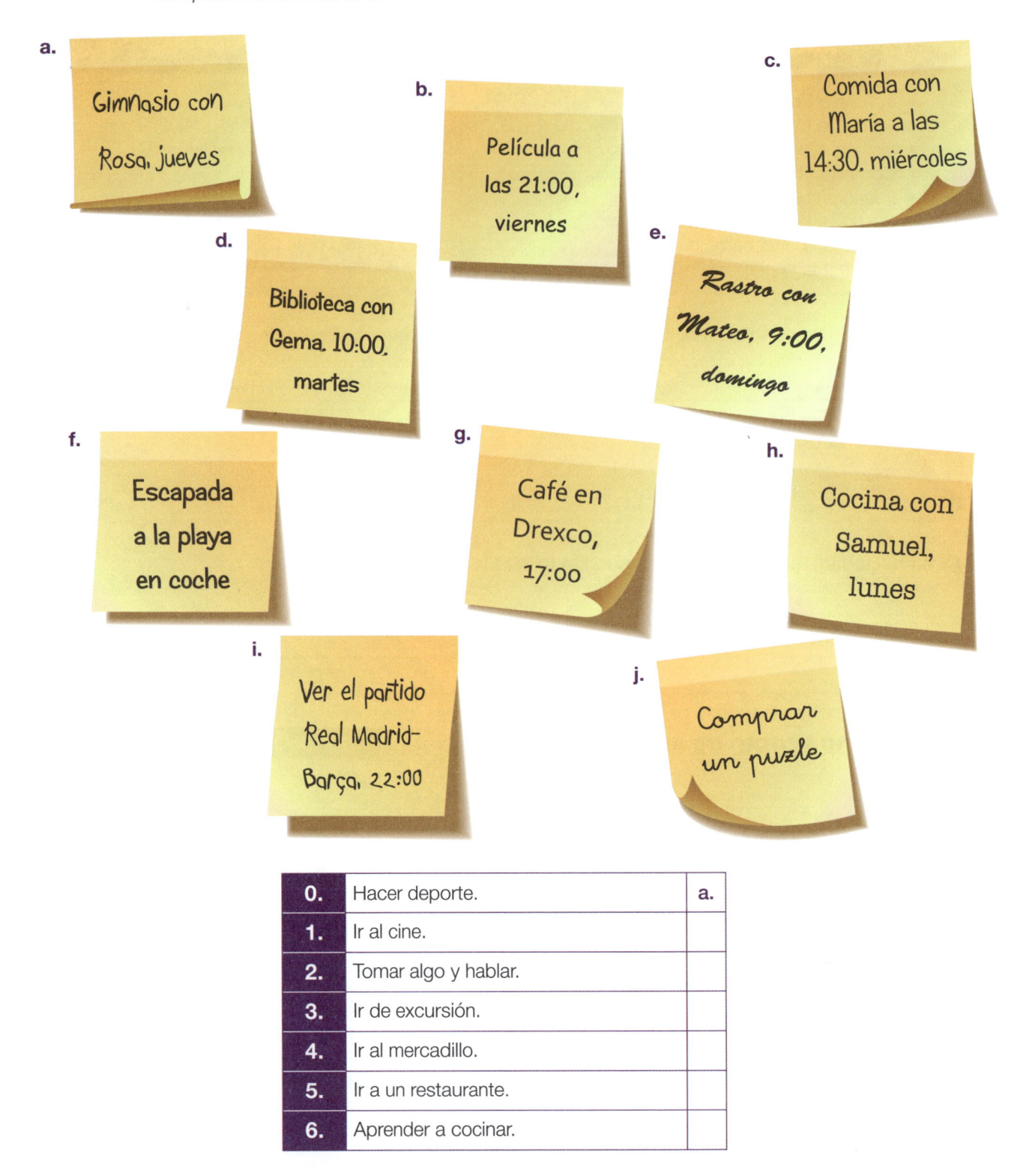

a. Gimnasio con Rosa, jueves

b. Película a las 21:00, viernes

c. Comida con María a las 14:30, miércoles

d. Biblioteca con Gema, 10:00, martes

e. Rastro con Mateo, 9:00, domingo

f. Escapada a la playa en coche

g. Café en Drexco, 17:00

h. Cocina con Samuel, lunes

i. Ver el partido Real Madrid-Barça, 22:00

j. Comprar un puzle

0.	Hacer deporte.	a.
1.	Ir al cine.	
2.	Tomar algo y hablar.	
3.	Ir de excursión.	
4.	Ir al mercadillo.	
5.	Ir a un restaurante.	
6.	Aprender a cocinar.	

COMPRENSIÓN AUDITIVA

1 Vas escuchar a Martina hablando de lo que le gusta hacer a ella y a su familia. Cada audición se repite dos veces. Relaciona cada persona con una letra (columna de la derecha). Hay tres letras que no debes seleccionar.

Ejemplo:

0. Martina: A mí me encanta visitar el Jardín Botánico de Madrid y hacer muchas fotografías de las flores.
La opción correcta es la k.

0.	Martina	k
1.	Celia	
2.	El padre	
3.	A la madre	
4.	A Daniel	
5.	Samuel	
6.	Alicia	
7.	Gabriel	
8.	Luis	

a.	come comida japonesa.
b.	aprende a preparar tapas.
c.	ve películas de Estados Unidos.
d.	le gusta Budapest.
e.	hace maratones de películas.
f.	va al Café Real.
g.	hace excursiones en bici.
h.	habla con sus amigos y toma café.
i.	comer tapas.
j.	hace puzles.
k.	visita jardines con plantas.
l.	le gusta el amarillo.

2 Sandra le cuenta a una amiga lo que hace en su tiempo libre. Completa el texto con la información que falta. Escucharás la audición tres veces.

Ejemplo:

0. Sandra prefiere hacer ......*deporte*...... en su tiempo de ocio.

1. .... de su casa hay muchos gimnasios.

2. El sábado por la mañana sale a .... con sus amigos.

3. Hace .... bonitas los sábados.

4. Sandra baila salsa con ....

5. Va al .... con su hermana los domingos.

6. Sandra y su hermana comen paella o ....

7. A Sandra y a su hermana les gusta las mismas ....

cuarenta y tres | 43

UNIDAD **6**   **¿CÓMO ES TU CASA?** | SECUENCIA **1**

1 INMOBILIARIA FOTOPISO

1. ¿Qué actividades se pueden hacer en cada parte de la casa? Escríbelas y añade una más para cada habitación.

- ver una película
- cocinar
- ducharse
- dormir
- bañarse
- comer
- leer una revista
- escuchar música
- vestirse
- estudiar
- hacer un puzle
- peinarse

Cocina	Baño
Salón	Dormitorio

2. Pablo trabaja en la inmobiliaria milpisos.com. Lee estos anuncios, complétalos y escribe con número y letra el precio por mes de cada vivienda.

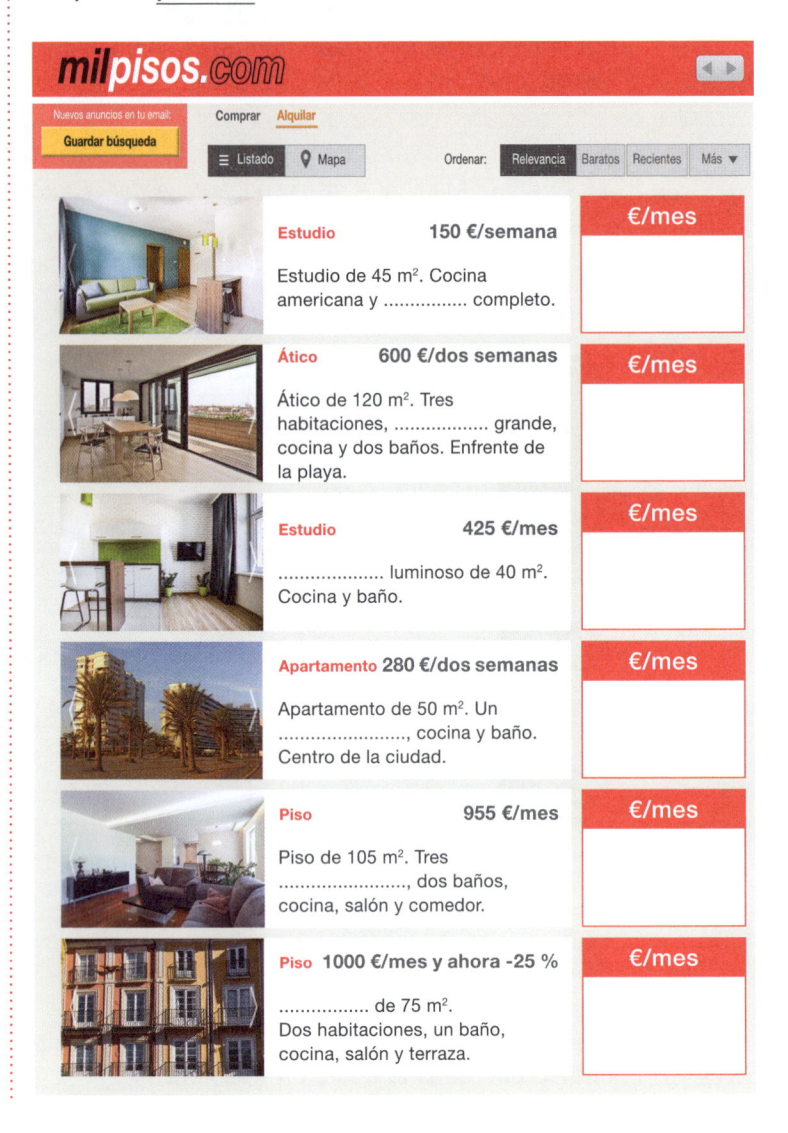

milpisos.com

Estudio 150 €/semana   €/mes
Estudio de 45 m². Cocina americana y .... completo.

Ático 600 €/dos semanas   €/mes
Ático de 120 m². Tres habitaciones, ... grande, cocina y dos baños. Enfrente de la playa.

Estudio 425 €/mes   €/mes
.... luminoso de 40 m². Cocina y baño.

Apartamento 280 €/dos semanas   €/mes
Apartamento de 50 m². Un ...., cocina y baño. Centro de la ciudad.

Piso 955 €/mes   €/mes
Piso de 105 m². Tres ...., dos baños, cocina, salón y comedor.

Piso 1000 €/mes y ahora -25 %   €/mes
.... de 75 m². Dos habitaciones, un baño, cocina, salón y terraza.

3. Observa el plano de la página web milpisos.com y ayuda a Pablo a escribir un anuncio completo de alquiler.

Piso
Precio: ....
Descripción: ....

44 | cuarenta y cuatro

4. Gabriel y Sofía quieren alquilar su casa y llaman a la inmobiliaria. Escucha las conversaciones y señala qué anuncio corresponde a cada una.

Ático
1600 €
Ático de 115 m². Tres dormitorios, tres baños, salón y cocina.

Estudio
550 €
Estudio de 45 m². Cocina americana, salón y baño completo.

Ático
1400 €
Ático de 105 m². Tres dormitorios, dos baños, salón comedor y cocina.

Estudio
500 €
Estudio de 45 m². Cocina independiente, salón y baño.

5. Gabriel y Sofía buscan una casa nueva. Escribe para milpisos.com una descripción de la casa ideal para cada uno. Utiliza estas palabras.

chalé | piso | ático | dúplex | casa rural | dormitorio | cocina | salón
comedor | terraza | jardín | nuevo | antiguo | baños | garaje

a. Gabriel está casado y tiene dos hijos; le gusta vivir cerca del campo.

b. Sofía vive con su pareja y le gustan las casas de dos pisos.

VIVIENDA PARA GABRIEL	VIVIENDA PARA SOFÍA

6. Crea con tu compañero/a una descripción de vuestra casa ideal: tipo de casa, número de habitaciones, etc.

....
....
....

UNIDAD 6 | ¿CÓMO ES TU CASA? | SECUENCIA 2

1 ¿COMPRAR O ALQUILAR?

1. Observa la encuesta de milpisos.com sobre la vivienda y los jóvenes. Después, escribe frases con estas expresiones.

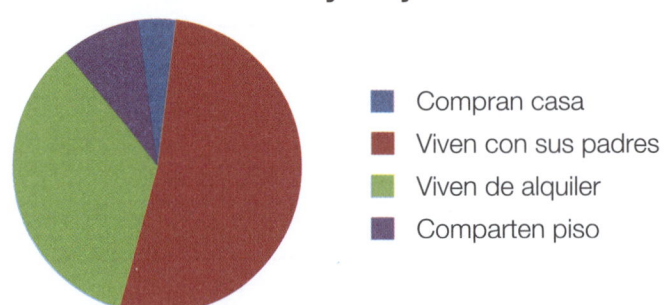

La vivienda y los jóvenes

- Compran casa
- Viven con sus padres
- Viven de alquiler
- Comparten piso

Pocos jóvenes ....

La mitad de los jóvenes ....

Algunos jóvenes ....

Muchos jóvenes ....

2. ¿Cuál es tu opinión sobre la encuesta anterior? ¿Qué ventajas e inconvenientes crees que tiene cada opción? Completa y comenta con tu compañero/a tu opinión. Utiliza las expresiones *creo que* y *me parece que*.

	Ventajas	Inconvenientes
Comprar casa	....	....
Vivir con los padres	....	....
Vivir de alquiler	....	....
Compartir piso	....	....

2 VACACIONES DIFERENTES

1. Observa estas fotos y escribe tres palabras relacionadas con cada alojamiento.

a. hotel

b. casa rural

c. albergue

d. apartamento

e. camping

2. Lee estas opiniones sobre las vacaciones en el foro de milpisos.com y escribe a qué alojamiento se refieren.

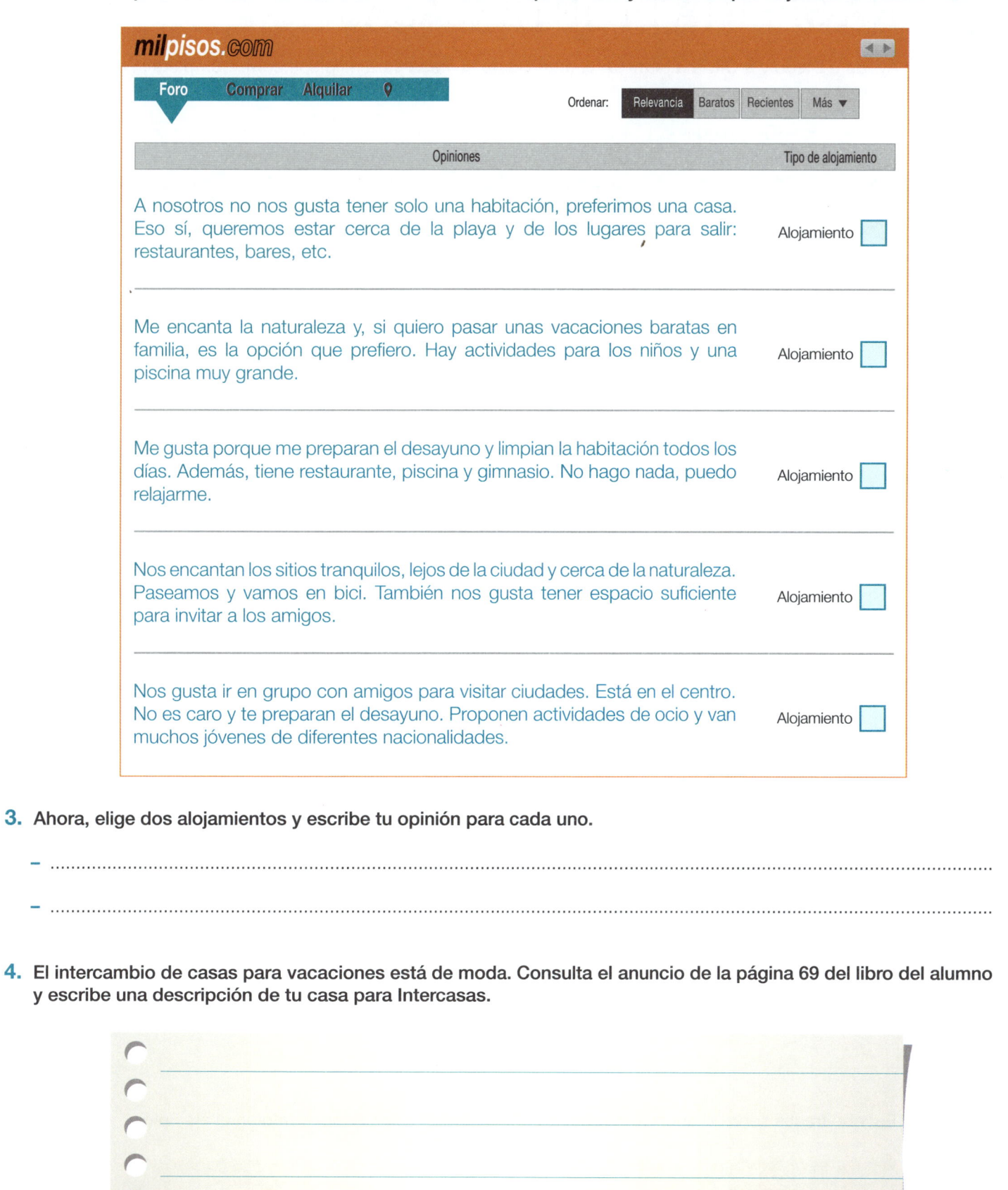

milpisos.com

Foro | Comprar | Alquilar

Ordenar: Relevancia | Baratos | Recientes | Más ▼

Opiniones	Tipo de alojamiento
A nosotros no nos gusta tener solo una habitación, preferimos una casa. Eso sí, queremos estar cerca de la playa y de los lugares para salir: restaurantes, bares, etc.	Alojamiento
Me encanta la naturaleza y, si quiero pasar unas vacaciones baratas en familia, es la opción que prefiero. Hay actividades para los niños y una piscina muy grande.	Alojamiento
Me gusta porque me preparan el desayuno y limpian la habitación todos los días. Además, tiene restaurante, piscina y gimnasio. No hago nada, puedo relajarme.	Alojamiento
Nos encantan los sitios tranquilos, lejos de la ciudad y cerca de la naturaleza. Paseamos y vamos en bici. También nos gusta tener espacio suficiente para invitar a los amigos.	Alojamiento
Nos gusta ir en grupo con amigos para visitar ciudades. Está en el centro. No es caro y te preparan el desayuno. Proponen actividades de ocio y van muchos jóvenes de diferentes nacionalidades.	Alojamiento

3. Ahora, elige dos alojamientos y escribe tu opinión para cada uno.

- ....
- ....

4. El intercambio de casas para vacaciones está de moda. Consulta el anuncio de la página 69 del libro del alumno y escribe una descripción de tu casa para Intercasas.

5. En grupos de cuatro, lee tu descripción y busca a una persona para hacer el intercambio. ¿Qué opción prefieres? ¿Por qué?

cuarenta y siete | **47**

UNIDAD 6 | ¿CÓMO ES TU CASA? | SECUENCIA 3

1 UNA OFERTA DE INTERCASAS

1. Ayuda a Diego y a Olivia a terminar el anuncio de su casa para milpisos.com. Completa la descripción con estas palabras.

colegios | moderno | silenciosa | cerca | exterior | ir de compras | parque | ruido | comunicado

> Alquilamos ático espacioso y .... Es muy luminoso porque es todo .... Tiene tres habitaciones, cocina, salón y dos baños completos.
>
> Está en un barrio residencial, ... del centro de la ciudad. Es ideal para familias con hijos pequeños porque en el barrio hay dos .... y un .... para pasear. También hay un mercado y muchas tiendas para ....
>
> Está bien .... porque hay varias paradas de autobús y metro. La zona es muy tranquila y bastante .... Por las noches no hay .... porque no hay vida nocturna.

2. Estos son los muebles del ático. ¿Puedes escribir su nombre? ¿En qué habitación los encuentras?

a. ....
b. ....
c. ....
d. ....
e. ....
f. ....

3. Vuelve a leer el anuncio y escribe las expresiones que indican características, lugar y existencia.

Características	Lugar	Existencia
Es muy luminoso		

4. Escribe frases sobre el anuncio de Diego y Olivia. Utiliza *hay* y *tiene,* como en el ejemplo.

Ático / tres / habitaciones → *El ático tiene tres habitaciones. / En el ático hay tres habitaciones.*

a. barrio / dos / colegios → ....

b. centro de la ciudad / muchas / tiendas → ....

c. calle / varias / paradas de autobús → ....

d. zona / no / vida nocturna → ....

48 | cuarenta y ocho

2 CARACTERÍSTICAS ESPECIALES

1. Consulta el formulario del ejercicio A de la página 71 del libro del alumno y escribe qué se usa para:

a. Lavar la ropa → la...........................
b. Calentar la comida → ....
c. Guardar el coche → ....
d. Tomar el sol → ....
e. Fregar los platos → ....
f. Calentar la casa → ....
g. Darse un baño en verano → ....
h. No subir a casa por las escaleras → ....

2. Completa con el verbo *querer* y relaciona cada frase con la foto adecuada.

a. Nosotros .... una casa en el campo. ☐
b. María .... una vivienda en el último piso. ☐
c. Yo .... vivir en una casa con un lugar para dejar el coche. ☐
d. Vosotros no .... subir al sexto piso por las escaleras. ☐
e. Ellos .... un piso con terraza para tomar el sol. ☐

3. Inventa con tu compañero un anuncio detallado de alquiler de una casa. Tiene que incluir: tipo de vivienda y descripción general, situación y actividades interesantes que se pueden hacer, habitaciones y características más específicas. Recuerda poner el tamaño y el precio.

....
....
....

🎧 LABORATORIO DE FONÉTICA

La ñ y la h / La ll y la ch

- La *ñ* es una letra exclusivamente española. Proviene de la *n* + *y*. El ba**ñ**o
- La *ll* es una doble consonante. Se pronuncia como la *y*. La ca**ll**e
- La *ch* son dos letras, se pronuncian *ts*. El **ch**alé
- La *h* nunca se pronuncia. El **h**ijo

1. Escucha la pronunciación de las siguientes palabras y complétalas.

a. mu....o
b. peque....o
c. ....abitación
d. tama....o
e. si....a
f. co....e
g. compa....ero
h. ....amar
i. du....arse
j. ....acer
k. e....os
l. ....otel

UNIDAD 6 | EXAMEN DELE

COMPRENSIÓN DE LECTURA

Lee estos anuncios de viviendas. Completa las oraciones que aparecen a continuación con la información del texto.

Ejemplo:

0. La vivienda sin ascensor es la .... casa ....

Alquiler de apartamento	Alquiler de piso	Venta de ático	Venta de casa	Venta/Alquiler de estudio
Apartamento situado en el centro de la ciudad y cerca de la parada de metro	Piso moderno y exterior. Está cerca de la estación de autobuses y en el barrio hay un mercado y tiendas	Ático muy luminoso y tranquilo. Perfecto para una pareja con hijos. Está cerca de un parque	Casa ideal para una familia con hijos. Está a las afueras de la ciudad, pero cerca hay una parada de autobús	Estudio pequeño situado en el centro de la ciudad. En el barrio hay muchos restaurantes y tiendas
55 m²	90 m²	120 m²	220 m²	35 m²
Dormitorios 1	Dormitorios 2	Dormitorios 3	Dormitorios 5	Dormitorios 0
Baños 1	Baños 1	Baños 2	Baños 3	Baños 1
Ascensor ✓	Ascensor ✓	Ascensor ✓	Ascensor ✗	Ascensor ✓
Trastero ✗	Trastero ✓	Trastero ✓	Trastero ✗	Trastero ✗
Garaje ✗	Garaje ✓	Garaje ✓	Garaje ✓	Garaje ✗
Jardín ✗	Jardín ✗	Jardín ✗	Jardín ✓	Jardín ✗
Piscina ✓	Piscina ✗	Piscina ✓	Piscina ✓	Piscina ✗
Terraza ✗	Terraza ✓	Terraza ✓	Terraza ✓	Terraza ✗
Calefacción ✓	Calefacción ✓	Calefacción ✓	Calefacción ✓	Calefacción ✓
550 €	900 €	325 000 €	500 000 €	180 000 €/400 €

1. El apartamento y el estudio están en el .... de la ciudad.

2. El .... no tiene ningún dormitorio.

3. La vivienda más grande es la ....

4. Las viviendas más adecuadas para una familia con hijos son el .... y la ....

5. Si quiero tener garaje, puedo alquilar la casa, el ático y el ....

6. Por menos de 500 € solo puedo alquilar el ....

7. Todas las viviendas tienen baño y ....

COMPRENSIÓN AUDITIVA

🔊 20 A continuación escucharás cinco mensajes muy breves. Oirás cada mensaje dos veces. Relaciona los textos con las imágenes. Después de la segunda audición, marca la opción correcta. Hay tres imágenes que no debes seleccionar.

Ejemplo:
Mensaje 0. Mis padres viven en un dúplex en el centro de la ciudad. Es una casa muy grande, luminosa y tranquila.
La opción correcta es la i.

0	Mensaje 0	i
1	Mensaje 1	

2	Mensaje 2	
3	Mensaje 3	

4	Mensaje 4	
5	Mensaje 5	

a.

b.

c.

d.

e.

f.

g.

h.

i.

UNIDAD 7 ¿QUÉ TOMAMOS? | SECUENCIA 1

1 ¿QUÉ TOMAS?

1. Jaime y María trabajan en un restaurante. Observa las imágenes y escribe su nombre con el artículo.

~~agua~~ | café | huevos | zumo de naranja natural | bocadillo | bollo | pincho de tortilla | té
refresco | pasta | fruta | pescado | sopa | carne | flan | helado | tostada | ensalada mixta

a. *el agua*
b.
c.
d.
e.
f.
g.
h.
i.
j.
k.
l.
m.
n.
ñ.
o.
p.
q.

2 PEDIR EN UN BAR

1. Completa las frases de estos clientes con la forma correcta del verbo *pedir*.

a. Luis .... un flan de postre.

b. Ana y Laura .... chocolate y churros.

c. Yo .... un bocadillo de calamares.

d. Nosotras .... agua sin gas.

e. A media mañana tú .... un té.

f. Vosotros .... un café con un bollo.

g. – ¿Qué (tú) .... para comer?
   – .... una ensalada y pescado.

h. Sergio .... un zumo de naranja.

2. Subraya la palabra intrusa.

a. flan – helado – fruta – ensalada

b. zumo – té – carne – café

c. chocolate – ensalada – pasta – sopa

d. carne – agua – pescado – huevos

e. bollo – tostada – pescado – churros

f. agua – sopa – refresco – zumo

g. pincho de tortilla – bocadillo – sándwich – pasta

h. a media mañana – postre – primer plato – segundo plato

52 | cincuenta y dos

3. Jaime y María trabajan en un restaurante. Ayúdales a preparar los nuevos menús. Utiliza los alimentos anteriores.

DESAYUNO
(de 7:00 a 10:30)

- ....
- ....
- ....

A MEDIA MAÑANA
(de 11:00 a 12:00)

- ....
- ....
- ....

MENÚ DEL DÍA
(de 13:30 a 15:00)

Primer plato
- ....
- ....
- ....

Segundo plato
- ....
- ....
- ....

Postre
- ....
- ....
- ....

4. Jaime toma nota de lo que piden unos clientes. Completa el diálogo con la pregunta adecuada.

¿Qué quieren de postre? | ¿Nos trae la cuenta, por favor? | ¿Y para beber?
¿Qué van a tomar? | ¿Y usted? | ¿Qué hay de menú, por favor?

- ● Buenos días.
- ○ Hola, buenos días.
- ● ....
- ○ De primero, tenemos pasta, ensalada mixta o sopa. De segundo, carne de cerdo, pescado del día o huevos.
  - ....
- ● De primero, yo quiero ensalada y de segundo, la carne de cerdo.
- ○ ....
  - Para mí, pasta de primero y pescado de segundo. ¿Qué pescado es?

- ○ Salmón.
  - Perfecto.
- ○ ....
- ● Agua sin gas para los dos, por favor.
- ○ De acuerdo.
  ....Tenemos flan, fruta o helado.
- ● Pues para mí el flan. ¿Y tú?
  - Una fruta, por favor. Una manzana.
- ● ....
- ○ Claro que sí. Aquí tiene la cuenta: son veintiuno con noventa.

5. Utiliza los menús anteriores y escribe con tu compañero/a un diálogo entre María y:

a. dos clientes que quieren desayunar.

....
....
....
....
....

b. una clienta que quiere comer.

....
....
....
....
....

UNIDAD 7 ¿QUÉ TOMAMOS? | SECUENCIA 2

1 LAS TAPAS

1. Observa la carta de tapas del restaurante de Jaime y María. ¿Qué ingredientes lleva cada una? Luego, escribe los precios con letra, como en el ejemplo.

LAS TAPAS

a. ☐ Croquetas — 5,90 €
b. ☐ Tostada de jamón con tomate — 3,77 €
c. ☐ Albóndigas — 8,75 €
d. ☐ Tortilla de patata — 7,45 €
e. ☐ Gambas al ajillo — 12,38 €
f. ☐ Calamares a la romana — 10,25 €
g. ☐ Patatas bravas — 4,38 €
h. ☐ Boquerones fritos — 9,25 €
i. ☐ Champiñones con jamón — 6,55 €

a. *Besamel con jamón o pollo, cinco con noventa.*
b. ....
c. ....
d. ....
e. ....
f. ....
g. ....
h. ....
i. ....

2. Estos son los tiques de unos clientes. Se han borrado algunas palabras. ¿Puedes completarlos? Luego, escribe con letra el precio total.

LAS TAPAS RESTAURANTE
Archiduque Carlos, 84 bajo
46014 - Valencia
30/07/2018 8:57
FACTURA SIMPLIFICADA: 385

C. CONCEPTO   PRECIO IMPORTE
.... de patata   7,45 €
Calamares a la .... 10,25 €
.... al ajillo   12,38 €
Patatas ....   4,38 €
Agua sin ....   2,50 €

Total: 36,96 €

GRACIAS POR SU VISITA

LAS TAPAS RESTAURANTE
Archiduque Carlos, 84 bajo
46014 - Valencia
30/07/2018 8:57
FACTURA SIMPLIFICADA: 385

C. CONCEPTO   PRECIO IMPORTE
.... de jamón con tomate   3,77 €
.... en salsa   8,75 €
Croquetas de ....   5,90 €
Boquerones ....   9,25 €
.... con gas   2,50 €

Total: 30,17 €

GRACIAS POR SU VISITA

3. Sarah y Alessio están de vacaciones en Madrid y cenan en el restaurante de Jaime y María. Escucha su conversación y marca en la carta Las tapas qué piden.

4. **Vuelve a escuchar la conversación y completa las frases.**

● La comida española es muy rica y muy diferente a la de nuestro país.
○ A mí también .... la comida de aquí, pero .... la italiana. ¿Tú no?
● No sé… aquí hacen platos que .... mucho, como las croquetas y las gambas al ajillo.
○ ¿................................ las croquetas? ¡Buf! A mí no me gustan nada. Y las gambas al ajillo no puedo comerlas porque soy alérgica.
● Ya, por eso tú .... los calamares a la romana.
○ Sí, los calamares .... mucho. ¿A ti te gustan?
● Un poco… Hay una cosa que yo tampoco puedo comer, las patatas bravas. Es que no .... nada el picante.
○ Pues a mí .... bastante, igual que la tortilla de patata.
● A mí .... la tortilla de patata, está muy buena.

5. **Ahora, completa el cuadro con sus gustos.**

	Mucho ++	Bastante +	Un poco –	Nada – –
Alessio	*Croquetas* *Gambas al ajillo*			
Sarah				

2 TOMAR UNAS TAPAS

1. **Escribe frases sobre los gustos de Alessio y Sarah, como en el ejemplo.**

   Ellos – gustar – sopa – aquí → A ellos les gusta esta sopa.

   a. Alessio – preferir – restaurante – allí → ....
   b. Sarah – no – gustar – nada – tortilla – aquí → ....
   c. Ellos – gustar – tapas – ahí → ....
   d. Alessio – no – querer – tostada de jamón – aquí → ....
   e. Sarah – preferir – albóndigas – allí → ....
   f. Ellos – querer – ensalada – ahí → ....

2. **Ahora, relaciona cada frase con el adverbio adecuado, como en el ejemplo.**

   Este café está frío.
   a. Aquel bocadillo es de jamón.
   b. No me gusta esa tortilla porque lleva cebolla.
   c. Esa sopa está muy buena.
   d. Me gustan mucho estos pinchos.
   e. Aquel refresco es de cola.
   f. Estos bollos son para el desayuno.
   g. Ese menú cuesta 10,50 €.

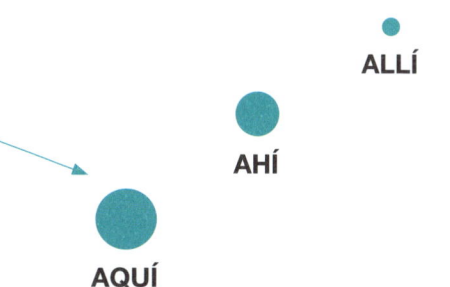

   ● ALLÍ
   ● AHÍ
   ● AQUÍ

UNIDAD 7 | ¿QUÉ TOMAMOS? | SECUENCIA 3

1 ¿QUEDAMOS PARA CENAR?

1. Estas son las actividades de Sarah. Completa su agenda.

Agenda

Lunes
Martes
Miércoles
Jueves
Viernes
Sábado
Domingo

- De lunes a viernes: levantarse a las 7:00.
- De lunes a viernes: comer cerca del trabajo con los compañeros.
- Ir al gimnasio los martes y los jueves a las 20:30.
- Ir a clase de inglés los miércoles a las 18:30.
- Ir a clase de baile los viernes a las 20:30.
- El sábado: levantarse a las 11:00.
- Ir al cine a las 18:00 y salir con los amigos a cenar o a tomar algo.
- El domingo: comer con la familia a las 14:30.

2. Ahora, escribe frases utilizando expresiones de frecuencia.

Todos los días | Los lunes/martes, etc. | Los fines de semana | Dos o tres veces al mes/a la semana

Sarah ....
....
....

3. ¿Cuáles de estas actividades haces tú también? ¿Con qué frecuencia? ¿Haces otras diferentes? Escribe un pequeño texto para explicarlo.

56 | cincuenta y seis

4. Una amiga de Sarah quiere cenar con ella. Escribe sus preguntas.

○ ....
● Los jueves no puedo, voy al gimnasio.

○ ....
● Lo siento, pero voy a clase de baile los viernes y el sábado salgo a cenar con unos amigos.

○ ....
● ¡Ay, sí, el domingo perfecto!

5. ¿Recuerdas los verbos *venir* y *volver*? Escribe su conjugación.

Venir	Volver
—	—
—	—
—	—
—	—
—	—
—	—

6. Relaciona las columnas.

a. Desayunar   un café   por la noche en casa
b. Comer   tapas   en varios bares
c. Merendar   un menú del día   por la tarde en invierno
d. Cenar   una ensalada y una fruta   por la mañana
e. Tomar   un café con leche y una tostada después de comer
f. Pedir   un chocolate con churros   a mediodía

7. Escribe un diálogo siguiendo estos pasos.

● A: Le preguntas por su comida española favorita.
○ B: Le explicas tus gustos. Utiliza *mucho*, *un poco*, *nada*, etc.

● A: Le invitas a cenar en un restaurante español el fin de semana.
○ B: Le dices que no puedes y propones otro día.

● A: Aceptas y quedas.
○ B: Te despides.

● ....
○ ....
● ....
○ ....
● ....
○ ....

🎧 LABORATORIO DE FONÉTICA

La acentuación de las palabras (I)

Hay tres tipos de palabras. El acento está:

- en la última sílaba. Se llaman *agudas*.
  espa**ñol** o o o   ja**món** o o
- en la penúltima sílaba. Se llaman *llanas*.
  mesa o o   tor**ti**lla o o o
- en la antepenúltima sílaba. Se llaman *esdrújulas*.
  al**bón**digas o o o o   **sá**bado o o o

Algunas palabras llevan un acento gráfico. Se llama *tilde* (´) y solo hay un tipo.

🔊 22   1. Escucha estas 6 palabras y observa dónde se acentúan. Ahora, vuelve a escuchar y repite.

a. café   d. terraza
b. pescado   e. jamón
c. miércoles   f. número

🔊 23   2. Después, escucha estas 9 palabras y marca con color dónde va el acento.

a. fruta   d. patata   g. tapa
b. ración   e. alérgico   h. cenar
c. semana   f. aquí   i. rápido

3. ¿Cuántas palabras llevan tilde? Márcalas. ¿Hay tildes en tu lengua?

cincuenta y siete | 57

UNIDAD **7** | EXAMEN DELE

COMPRENSIÓN DE LECTURA

Lee este correo electrónico. A continuación, responde las cinco preguntas sobre el texto. Elige la respuesta correcta (*a*, *b*, *c* o *d*).

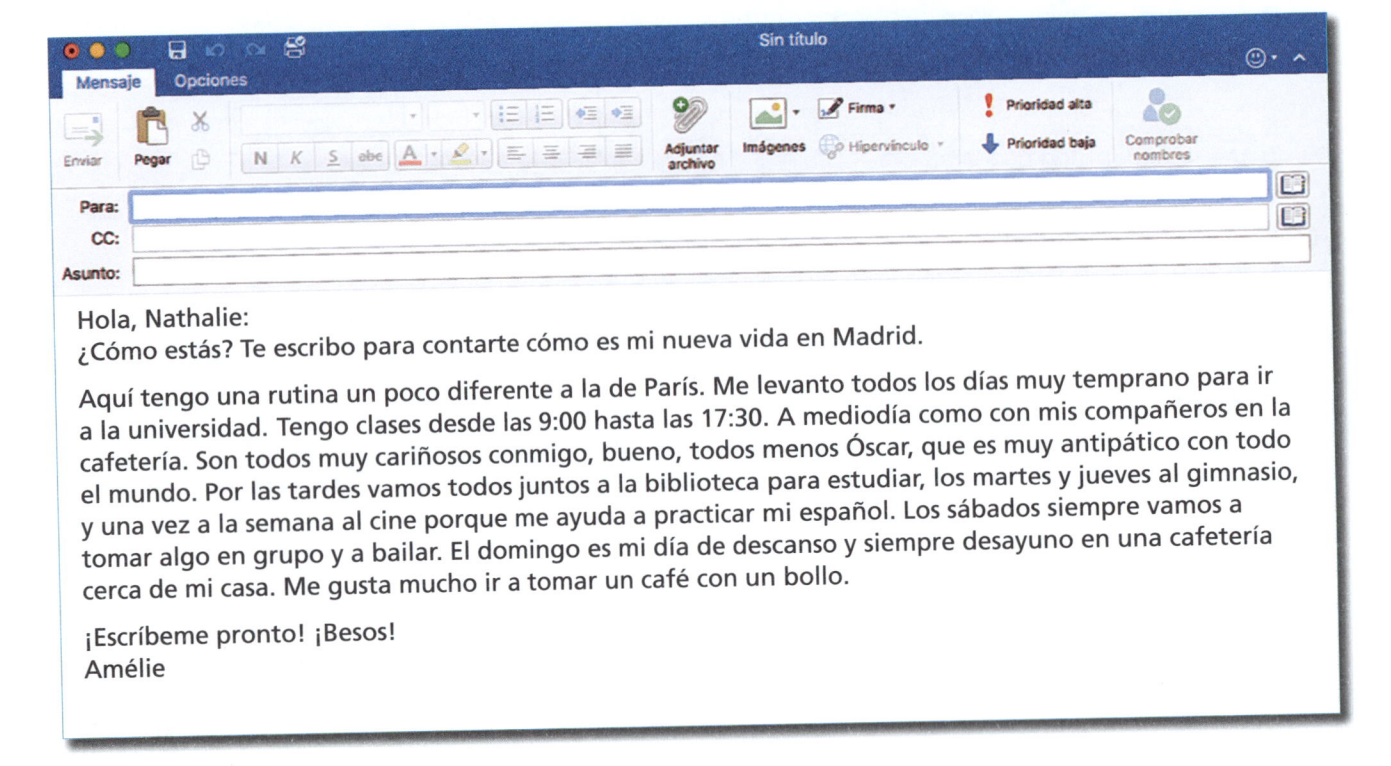

Hola, Nathalie:

¿Cómo estás? Te escribo para contarte cómo es mi nueva vida en Madrid.

Aquí tengo una rutina un poco diferente a la de París. Me levanto todos los días muy temprano para ir a la universidad. Tengo clases desde las 9:00 hasta las 17:30. A mediodía como con mis compañeros en la cafetería. Son todos muy cariñosos conmigo, bueno, todos menos Óscar, que es muy antipático con todo el mundo. Por las tardes vamos todos juntos a la biblioteca para estudiar, los martes y jueves al gimnasio, y una vez a la semana al cine porque me ayuda a practicar mi español. Los sábados siempre vamos a tomar algo en grupo y a bailar. El domingo es mi día de descanso y siempre desayuno en una cafetería cerca de mi casa. Me gusta mucho ir a tomar un café con un bollo.

¡Escríbeme pronto! ¡Besos!
Amélie

PREGUNTAS

1 Amélie escribe un correo electrónico sobre:
   a. su trabajo en Madrid.
   b. sus vacaciones en Madrid.
   c. su vida en Madrid.
   d. su visita a Madrid.

2 Tiene clases en la universidad:
   a. de nueve a cinco.
   b. de nueve a cinco y cuarto.
   c. de nueve y media a cinco y media.
   d. de nueve a cinco y media.

3 Todas las tardes va con sus compañeros:
   a. al gimnasio.
   b. a la biblioteca.
   c. al cine.
   d. a tomar algo.

4 Va al cine:
   a. todos los días.
   b. una vez a la semana.
   c. los martes y jueves.
   d. los fines de semana.

5 Los domingos desayuna:

   a.   b.   c.   d.

COMPRENSIÓN AUDITIVA

1 Vas a escuchar a Olivia hablar sobre la fiesta de cumpleaños de su padre. Cada audición se repite dos veces. Relaciona cada número con una letra (columna de la derecha). Hay tres letras que no debes seleccionar.

Ejemplo:

0. Olivia: *Este fin de semana hay una fiesta muy importante en mi casa.*
La opción correcta es la **e**.

0.	La fiesta	e
1.	El padre de Olivia	
2.	Sus tíos	
3.	Su madre	
4.	A Marta	
5.	Carlos	
6.	Olivia	
7.	Carmen	
8.	A Olivia	

a.	es vegetariana.
b.	viven en Londres.
c.	le encantan los calamares a la romana y las gambas al ajillo.
d.	prepara albóndigas.
e.	es este fin de semana.
f.	prefiere las croquetas y las tostadas de jamón.
g.	viene toda la familia.
h.	le encantan estas fiestas.
i.	cumple 55 años.
j.	la tortilla de patata.
k.	prepara comida típica española.
l.	se divierten mucho.

2 Martín llama a Paula para quedar con ella. Completa el texto con la información que falta. Escucharás la audición tres veces.

Ejemplo:

0. *Martín vive en ......Berlín........ .*

1. Le gusta mucho su ....

2. Termina de trabajar a las ....

3. Sus compañeros de trabajo son muy ....

4. Habla un poco de ....

5. Martín va a .... unos días.

6. Llama a Paula para cenar en un .... asiático.

7. Paula y Martín pueden cenar el .... o el sábado.

UNIDAD **8** ¿CUÁL ES TU IMAGEN? | SECUENCIA **1**

1 LA ROPA

1. Celia, Cosme y Alicia explican cómo es la ropa que tienen en sus armarios. Lee y completa con el nombre de la prenda y el color.

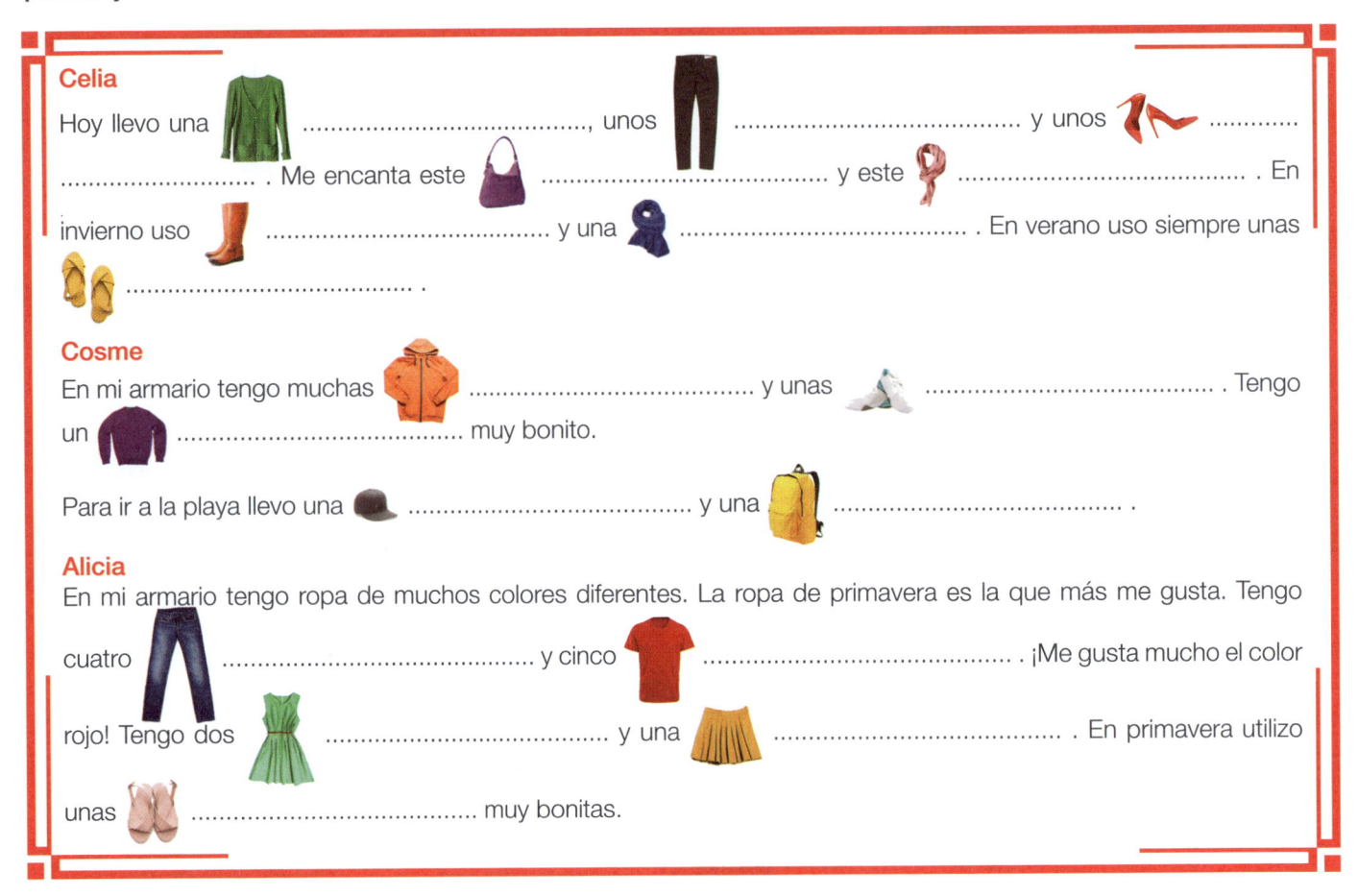

Celia
Hoy llevo una ...., unos .... y unos .... Me encanta este .... y este .... En invierno uso .... y una .... En verano uso siempre unas ....

Cosme
En mi armario tengo muchas .... y unas .... Tengo un .... muy bonito.
Para ir a la playa llevo una .... y una ....

Alicia
En mi armario tengo ropa de muchos colores diferentes. La ropa de primavera es la que más me gusta. Tengo cuatro .... y cinco .... ¡Me gusta mucho el color rojo! Tengo dos .... y una .... En primavera utilizo unas .... muy bonitas.

2. Ahora, clasifica la ropa del ejercicio anterior en la estación adecuada.

Primavera **Verano** **Otoño** **Invierno**

2 SIMPLIFICA TU ARMARIO

1. Celia, Cosme y Alicia van a responder a las preguntas del blog de la página 91. Escucha las respuestas y marca con un color diferente la información de cada uno.

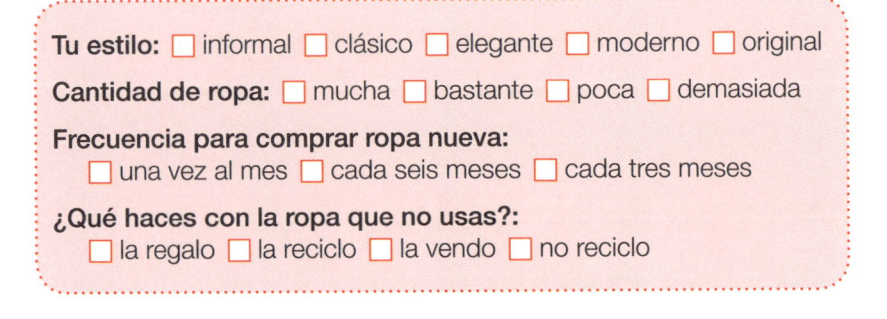

🔊 26

Celia   Cosme   Alicia

Tu estilo: ☐ informal ☐ clásico ☐ elegante ☐ moderno ☐ original
Cantidad de ropa: ☐ mucha ☐ bastante ☐ poca ☐ demasiada
Frecuencia para comprar ropa nueva:
☐ una vez al mes ☐ cada seis meses ☐ cada tres meses
¿Qué haces con la ropa que no usas?:
☐ la regalo ☐ la reciclo ☐ la vendo ☐ no reciclo

60 | sesenta

3 PARTICIPA EN EL PROYECTO 16

1. Celia, Cosme y Alicia hacen varias escapadas juntos. ¿Qué ropa y complementos necesitan para cada escapada? Escribe frases utilizando la estructura: *necesitar* + nombre / *necesitar* + infinitivo.

a. Escapada a la playa
b. Escapada a la montaña
c. Escapada a Roma

a. *Necesitan llevar pantalones cortos y…*
b. ....
c. ....

2. Lee y marca *sí* o *no* según corresponda. Corrige las frases negativas.

		Sí	No	
a.	Necesitamos un gorro y una bufanda en invierno.	☐	☐	....
b.	Debes llevar una gorra para ir a la playa.	☐	☐	....
c.	Cuando voy al gimnasio, necesito un gorro.	☐	☐	....
d.	Para correr necesitas unas sandalias.	☐	☐	....
e.	En verano tienes que llevar botas.	☐	☐	....
f.	Cuando voy de excursión, debo llevar una mochila.	☐	☐	....
g.	En verano necesitamos camisetas y abrigos.	☐	☐	....
h.	Para ir a la montaña en invierno necesitamos gorras.	☐	☐	....

3. Relaciona las columnas y forma frases. Debes conjugar los verbos de obligación.

a. *Alicia y Alberto*		usar	toda la ropa que no usa.
b. Patricia		cambiar	con ropa de colores claros.
c. Mi hermana	tener que	tener	*un armario nuevo.*
d. Mis amigos y yo		reciclar	un consumo de la ropa responsable.
e. Elisa y su madre	deber	llevar	toda la ropa del armario.
f. Yo		vestirse	gorro y bufanda en invierno.
g. Nosotros		*comprar*	mi estilo de vestir.

a. *Alicia y Alberto tienen que comprar un armario nuevo.*
b. ....
c. ....
d. ....
e. ....
f. ....
g. ....

sesenta y uno | 61

UNIDAD 8   ¿CUÁL ES TU IMAGEN? | SECUENCIA 2

1 MI IMAGEN

1. Lidia y sus amigos van a hacer un test de personalidad a partir de su animal preferido. Relaciona los adjetivos con el animal. Escribe una frase para cada uno. Hay varias posibilidades.

fuerte | inteligente | alegre | fiel | lento | grande | independiente
limpio | pequeño | rápido | enérgico | salvaje

LIDIA   CELIA   COSME   ALICIA

– *fuerte*   –   –   –
–   –   –   –

Lidia: *Yo me veo como un tigre. El tigre es un animal fuerte...*

....

....

....

....

2 EL NUEVO YO

1. A. Celia, Cosme y Alicia tienen en sus teléfonos la aplicación Mujiyo. Van a crear su avatar. Lee las frases y relaciona a las tres personas con su avatar.

Celia: Mi avatar es baja y delgada. Tiene el pelo largo y moreno. Tiene los ojos marrones. Lleva gafas.

Cosme: Mi avatar es alto y delgado. Tiene el pelo castaño y corto. Tiene los ojos marrones. Lleva gafas, bigote y perilla.

Alicia: Mi avatar es alta y delgada. Tiene el pelo largo y pelirrojo. Tiene los ojos marrones. No lleva gafas.

a.   b.   c.   d.   e.   f.

62 | sesenta y dos

B. Hay tres avatares sin describir. Elige dos y descríbelos.

....

....

2. Subraya el intruso. Luego, relaciona las palabras con su tema.

a. azul – verde – amarillo – falda
b. rojo – sandalias – botas – deportivas
c. bufanda – gorro – botas – camiseta
d. pelirrojo – rosa – castaño – rubio
e. cazadora – pantalón corto – vestido – falda
f. marrón – rojo – verde – azul
g. alto – barba – bajo – delgado

1. Ropa de verano
2. Color de ojos
3. Zapatos
4. Características físicas
5. Colores
6. Ropa de invierno
7. Color del pelo

3. Lee el anuncio de la página 92 del libro del alumno y marca verdadero (V) o falso (F).

	V	F
a. Mujiyo es una aplicación para móvil y ordenador.	☐	☐
b. Los emoticonos de Mujiyo se usan en las redes sociales.	☐	☐
c. El avatar puede parecerse a ti.	☐	☐
d. El avatar solo puede ser un animal.	☐	☐
e. Es una aplicación muy fácil.	☐	☐
f. Es gratis durante dos meses.	☐	☐
g. Los *stickers* de Mujiyo se llaman *amigomojis*.	☐	☐
h. El avatar se pone en fotos y conversaciones.	☐	☐
i. Snapchat es tu asistente virtual.	☐	☐

🎧 LABORATORIO DE FONÉTICA

La acentuación de las palabras (II)

En español existen palabras **agudas**, **llanas** y **esdrújulas**.

- Las palabras **agudas** son las que tienen acento (intensidad de voz) en la **última** sílaba.
  o o na**riz**   o o o ani**mal**
  Llevan acento ortográfico (´) cuando terminan en **vocal**, **-n** o **-s**: *también, autobús*

- Las palabras **llanas** son las que tienen acento (intensidad de voz) en la **penúltima** sílaba.
  En español la mayoría de las palabras son llanas.
  o o o i**ma**gen   o o **ti**gre
  Llevan acento ortográfico (´) cuando **no** terminan en **vocal**, **-n** o **-s**: *móvil, lápiz*

- Las palabras **esdrújulas** son las que llevan el acento (intensidad de voz) en la **antepenúltima** sílaba y siempre llevan acento ortográfico (´) en esa sílaba.
  o o o **fí**sico, **rá**pido

1. Lee y completa la regla de acentuación.

- Las palabras agudas llevan tilde (´) cuando terminan en ...., ... o ....: *café, sofás.*
- Las palabras llanas llevan tilde (´) cuando no terminan en ...., ... o ....: *árbol, fácil.*
- Las palabras esdrújulas llevan tilde ....: *cómodo, teléfono.*

2. Busca en la unidad palabras con tilde (´).

a. **Agudas** o o o   ....
b. **Llanas** o o o   ....
c. **Esdrújulas** o o o ....

3. Lee y resalta con un color la sílaba que se acentúa. Pon la tilde si es necesario.

clasico – ropa – bufanda – original
aplicacion – imagen – marron
azul – bolso – carnivoro

sesenta y tres | **63**

UNIDAD **8**   **¿CUÁL ES TU IMAGEN?** | SECUENCIA **3**

1 MI AVATAR

1. **A.** Transforma las frases: cambia el género y usa el adjetivo contrario.

   a. Mi madre es alta y delgada. Tiene el pelo moreno.
   ....

   b. Mi hermano es bajo y delgado. Tiene el pelo corto.
   ....

   c. Mi abuelo es alto y gordo. Tiene el pelo blanco y corto.
   ....

   B. Lee estas descripciones y escribe si es la madre, el hermano o el abuelo.

   a. Lleva un pantalón gris y una chaqueta marrón. Lleva gafas. ....
   b. Lleva una falda verde, una camisa blanca y unos zapatos negros. ....
   c. Lleva unos vaqueros, una camiseta y unas deportivas. ....

2. Estos son los amigos de Alicia. Describe la ropa y el físico de cada uno.

   Laura   Lucas   Mar   Jaime   Judith

   a. ....
   b. ....
   c. ....
   d. ....
   e. ....

3. Ahora vas a crear tu propio avatar. Describe la boca, los ojos… en cinco frases.

Mi avatar es un hombre/una mujer…

....
....
....
....
....

4. Relaciona estas palabras con el verbo adecuado. Luego, escribe una frase con cada verbo.

delgado · gafas · bigote · el pelo corto y rubio · vestido · fuerte · ser · tener · llevar · pequeño · pantalones · ojos azules · barba · hombre · alta

ser ....
tener ....
llevar ....

5. Lee las frases y complétalas con *ser*, *tener* o *llevar*.

a. Carolina .... los ojos verdes, el pelo moreno y .... baja.
b. Nosotros .... gafas de sol en verano.
c. Pedro y Luis .... barba y bigote y .... el pelo pelirrojo.
d. Yo .... alta y delgada.
e. Mi avatar .... alto y rubio y .... los ojos marrones.
f. Roberto .... la nariz pequeña y los ojos azules.
g. El ladrón .... un hombre bajo, gordo y .... perilla.
h. El avatar de Mar .... la boca y la nariz pequeñas.
i. Alfredo no .... castaño. .... el pelo y la barba blancos.
j. El detective privado .... un hombre alto y .... gafas y bigote.

sesenta y cinco | **65**

UNIDAD 8 | EXAMEN DELE

COMPRENSIÓN DE LECTURA

Lee las informaciones de estas personas. Completa las oraciones que aparecen a continuación con la información del texto.

Ejemplo:

0. Natalia y Eduardo tienen un estilo ....*moderno*..... .

RUTH	NATALIA	ISMAEL	MÓNICA	EDUARDO
Marcas: Mango y Bimba y Lola	**Marcas:** H&M y Bershka	**Marcas:** Desigual y Gap	**Marcas:** Zara y Mango	**Marcas:** Pull&Bear y Stradivarius
Animal: gato	**Animal:** oso	**Animal:** perro	**Animal:** león	**Animal:** gato
Estilo: clásico y elegante	**Estilo:** moderno	**Estilo:** alegre y original	**Estilo:** clásico y formal	**Estilo:** informal y moderno
Estación: otoño	**Estación:** invierno	**Estación:** verano	**Estación:** primavera	**Estación:** otoño
Colores: 😀 negro ☹ amarillo	**Colores:** 😀 verde ☹ naranja	**Colores:** 😀 blanco y negro ☹ marrón	**Colores:** 😀 rojo ☹ violeta	**Colores:** 😀 azul y verde ☹ negro
Ropa: 😀 faldas y pantalones ☹ vaqueros	**Ropa:** 😀 vestidos ☹ cazadoras	**Ropa:** 😀 vaqueros y sudaderas ☹ cazadoras	**Ropa:** 😀 faldas y pantalones cortos ☹ sudaderas	**Ropa:** 😀 camisas ☹ camisetas
Complementos: pañuelo	**Complementos:** bufanda y gorro	**Complementos:** gorra y mochila	**Complementos:** pañuelo	**Complementos:** mochila
Avatar: Una mujer alta. Tiene el pelo rubio y los ojos verdes. Tiene la nariz pequeña y la boca grande.	**Avatar:** Una mujer baja. Tiene el pelo moreno y los ojos marrones. Tiene la nariz grande. Lleva gafas.	**Avatar:** Un hombre alto y delgado. Tiene el pelo pelirrojo y los ojos azules. Lleva barba y bigote.	**Avatar:** Una mujer alta. Tiene el pelo pelirrojo y los ojos verdes. Tiene la nariz y la boca pequeñas. Lleva gafas de sol.	**Avatar:** Un hombre bajo y gordo. Tiene el pelo rubio y los ojos marrones. Lleva perilla.

1. A Ruth y a Eduardo les gustan los .... y el ....

2. A Natalia y a Ismael no les gustan las ....

3. El color .... les gusta a Ruth y a Ismael.

4. El avatar de Ruth y el de Mónica tiene la nariz ....

5. Le gusta el verano a ....

6. El avatar de Ruth y el de Eduardo tiene el pelo ....

7. El avatar de Mónica y el de Natalia lleva ....

COMPRENSIÓN AUDITIVA

27 A continuación, escucharás cinco mensajes muy breves. Oirás cada intervención dos veces. Relaciona los textos con las imágenes. Después de la segunda audición, marca la opción correcta. Hay tres imágenes que no debes seleccionar.

Ejemplo:
Mensaje 0: Me encanta correr y corro todos los domingos. Tengo muchas deportivas en mi armario, pero mis deportivas preferidas son unas de color rosa y amarillo.
La opción correcta es la b.

0	Mensaje 0	b
1	Mensaje 1	

2	Mensaje 2	
3	Mensaje 3	

4	Mensaje 4	
5	Mensaje 5	

a.   b.   c.

d.   e.   f.

g.   h.   i.

sesenta y siete | **67**

UNIDAD 9 — ¿TIENES UNA VIDA SANA? | SECUENCIA 1

1 ALIMENTARNOS BIEN

1. En la revista *Vida Sana* hay un foro sobre los hábitos de alimentación. Aquí tienes unas entradas de los lectores de la revista. Lee y completa con estas palabras.

huevos | pan | carne | café | leche | fruta | pescado | pimientos | azúcar | piña | refrescos | yogures
aceite de oliva | verduras | arroz | chocolate | té | plátano | uvas | mantequilla | berenjenas | patatas | pollo

Vidasana.es — búsqueda

Actualidad | Dietas | Menús | Vida saludable | Embarazo y familia | Foros

FORO

Mensajes de Hoy Lista de Miembros Calendario

Inicio > Foro > Nutrición y dietas

Eleonor (Mensajes 8): Muchas veces tomo fruta para desayunar y un .... con .... con un poco de .... A veces meriendo .... con queso.

Eric (Mensajes 3): No como ....: soy vegetariano y como cereales y dos .... para desayunar. No me gusta la ...., siempre cocino con ....

Gabriela (Mensajes 2): Todos los días como cuatro piezas de ...., me gustan mucho las .... y la .... Consumo muchas ...., pero a veces tomo salchichas para cenar. Bebo muchos .... los sábados y los domingos.

Mar (Mensajes 5): Me encanta la paella, pero con .... integral. Nunca tomo .... antes de dormir porque es un excitante. Tomo más de 50 gramos de ....

Ramón (Mensajes 6): Todos los días tomo alimentos con proteínas: mucho .... porque tiene omega 3 y también .... Tomo siempre un .... antes de ir al gimnasio.

Pablo (Mensajes 7): Me gustan las verduras para cenar: los ...., las ...., etc. El sábado preparo .... con ...., me encanta.

---

2. ¿Quién tiene unos hábitos de alimentación más saludables?, ¿por qué? Justifica tu respuesta.

....

3. Vuelve a leer el foro, subraya las expresiones de frecuencia y ordénalas de más a menos. Luego, escribe una frase con cada una según tus hábitos.

+++	....
++	....
+	....
-	....

a. ....
b. ....
c. ....
d. ....

2 COMER PARA VIVIR MEJOR

1. Observa las fotos de estas dos parejas y descubre sus hábitos. Luego, subraya los que son poco saludables.

Lola e Isaac   Eduardo y Marcela

a. Soy Isaac. Hago una hora de ejercicio al día y bebo mucha agua, pero los fines de semana salgo con mis amigos, bebo refrescos y me acuesto muy tarde. Entre semana veo la televisión hasta la una de la mañana y solo duermo seis horas y media al día. Me gusta comer chocolate después de la cena.

b. Soy Lola. Como muchas ensaladas. Cuatro o cinco veces a la semana como carne, pollo, jamón y muchas salchichas. ¡Me encantan las salchichas! No practico deporte porque no tengo tiempo. Trabajo mucho y solo hago tres comidas al día. Nunca como fruta.

c. Soy Eduardo. Me gusta comer bien y como mucho. Tomo cinco cafés al día para estar activo, pero por la noche no puedo dormir. En mi trabajo tengo mucho estrés y como muchas galletas. Paseo todos los fines de semana con mi mujer.

d. Soy Marcela. Siempre me visto de color negro, ¡me gusta mucho este color! Siempre como lo mismo: pasta, patatas, arroz… No tengo mucho tiempo para cocinar. Utilizo mucha mantequilla. Después de cada comida, me río mucho con mi marido Eduardo.

2. Las personas anteriores quieren cambiar sus hábitos. Observa las fotos y escribe dos consejos para cada una, como en el ejemplo.

Isaac   Lola   Eduardo   Marcela

a   b   c   d

e   f   g   h

Isaac: *No debes comer chocolate después de cenar.*

....
....
....
....

3. ¿Y tú?, ¿cuáles son tus hábitos entre semana y los fines de semana? Escribe dos frases.

....
....

sesenta y nueve | **69**

UNIDAD 9 ¿TIENES UNA VIDA SANA? | SECUENCIA 2

1 HÁBITOS SALUDABLES

1. Observa estas imágenes sobre los hábitos de los españoles. Escribe una frase para cada una de ellas con estos verbos y clasifícalas.

~~hablar~~ | dormir (x2) | dar | acostarse | cenar | tomar | cocinar | comer

a b  c

d  e  f

g  h  i

Hábitos saludables (+)	Hábitos no saludables (−)
— *Los españoles hablan tranquilamente después de las comidas.*	—
—	—
—	—
—	—
—	—

2. A. Relaciona estos hábitos con el país al que pertenecen. Justifica tu elección.

a b c d e

☐ Japón ☐ Suiza ☐ Grecia ☐ España ☐ Jordania
☐ Francia ☐ Inglaterra ☐ Marruecos ☐ Italia ☐ Países Bajos
☐ Marruecos ☐ China ☐ Japón ☐ Finlandia ☐ Irlanda

B. ¿Y en tu país? ¿Qué hábitos tenéis?

3. Lee los siguientes hábitos y complétalos con estos verbos.

dar | reírse | hacer | leer | dormir
beber (x2) | tomar (x2)

a. Paula .... mucho con sus compañeros.
b. Los franceses .... mucho deporte.
c. Carlos .... café después de comer.
d. Los jóvenes .... alcohol los sábados.
e. Luis .... ocho horas todos los días.
f. Sofía .... paseos con su perro.
g. Bea y Pablo .... el sol en la playa.
h. Miguel .... dos litros de agua al día.
i. Lucas .... muchos libros en verano.

4. Marca si los siguientes hábitos son saludables o no.

Hábito saludable 👍
Hábito no saludable 👎

a. Escuchar canciones.
b. Tomar muchos medicamentos.
c. Hacer dos comidas al día.
d. Dar abrazos.
e. Tomar mucho alcohol.
f. No comer fruta.
g. Leer un buen libro.
h. Tomar seis tazas de café.
i. Reírse.
j. Tomar dos tazas de té.

🎧 LABORATORIO DE FONÉTICA

Los diptongos

Trabaja tu pronunciación

El diptongo es una combinación de dos vocales que se pronuncian en una sola sílaba. Una de ellas es siempre *i (y)* o *u*.

Los diptongos con *i/y*

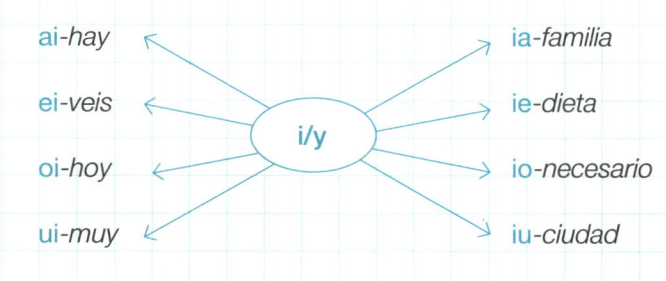

ai-*hay*   ia-*familia*
ei-*veis*   ie-*dieta*
         i/y
oi-*hoy*   io-*necesario*
ui-*muy*   iu-*ciudad*

1. Hay cuatro palabras que no tienen diptongo. Márcalas. Luego, escucha y comprueba.
   (pista 28)

   a. siesta   d. aire   g. caer
   b. memoria   e. paseo   h. leer
   c. cereales   f. aceite   i. gimnasio

2. ¿Puedes hacer tú otro esquema de los diptongos con la *u* con estas palabras?

   huevo | causa | cuidado | agua | antiguo

   u

3. • Si las vocales *i* o *u* llevan una tilde, entonces no hay diptongo y las vocales se pronuncian separadas.

   proteína | país | fría

   • Si las vocales *a*, *e*, *o* llevan una tilde, sí hay diptongo.

   depresión | también

   • Escucha las palabras y repítelas.
   (pista 29)

setenta y uno | **71**

| UNIDAD 9 | ¿TIENES UNA VIDA SANA? | SECUENCIA 3 |

1 EN FORMA CON EL DEPORTE

1. Para estar en forma la gente realiza distintas actividades. Relaciona las siguientes con su definición.

a. montañismo
b. patinaje
c. senderismo
d. tenis
e. baloncesto

1. Andar por el campo.
2. Subir montañas.
3. Jugar con una raqueta y una pelota.
4. Jugar utilizando un balón.
5. Moverse con patines.

2. Relaciona estos deportes con las imágenes y forma frases, como en el ejemplo.

a. fútbol
b. *rafting*
c. natación
d. bádminton
e. ciclismo

a. *Para jugar al fútbol es necesario un balón.*
b. ....
c. ....
d. ....
e. ....

3. Esta familia está compuesta por Guadalupe, Nicolás y su hija, Gloria. Escucha y marca con un color diferente la información de cada uno.

Deportes: ☐ correr ☐ jugar al baloncesto ☐ nadar ☐ patinar ☐ tenis

Hábitos saludables: ☐ comer pescado ☐ hacer deporte ☐ reírse ☐ beber agua ☐ hacer yoga

Hábitos no saludables: ☐ comer mucha carne ☐ no comer verdura ☐ no comer fruta ☐ beber alcohol

Verduras: ☐ pimiento ☐ berenjena ☐ brécol ☐ zanahoria

Frutas: ☐ piña ☐ uvas ☐ plátano ☐ manzana

Guadalupe  — Gloria  — Nicolás

72 | setenta y dos

4. ¿Cómo son los hábitos de tus amigos/as? Elige dos y completa.

Deportes: ....
Hábitos saludables: ....
Hábitos no saludables: ....
Frutas: ....
Verduras: ....

Deportes: ....
Hábitos saludables: ....
Hábitos no saludables: ....
Frutas: ....
Verduras: ....

5. Lee las frases y selecciona la opción correcta.

a. Es bueno nadar, *y/pero* no me gusta.
b. Juego al baloncesto *y/pero* al fútbol los fines de semana.
c. Me encanta montar en bicicleta *y/pero* tengo una bicicleta de montaña.
d. Hago *rafting y/pero skateboarding, y/pero* no me gusta el *parkour*.
e. Debo hacer gimnasia, *y/pero* no me gusta mucho ir al gimnasio.
f. Hago senderismo los domingos *y/pero* montañismo los sábados.
g. Corro en el parque, *y/pero* prefiero correr en la playa.
h. Me gusta mucho el tenis *y/pero* juego los miércoles con mi hermano.
i. Es necesario hacer deporte, *y/pero* no tengo tiempo.

2 EL RITUAL DE LA FELICIDAD

1. Completa con el verbo adecuado y marca qué prefieres, como en el ejemplo.

~~reírse~~ | ir | acostarse | pasear | enviar | viajar | levantarse | tomar | bañarse | hablar

a. *Me río* con mis amigos y amigas ☐ con mi familia ☐.
b. .... de tiendas solo/a ☐ acompañado/a ☐.
c. .... un café ☐ un té ☐.
d. .... por Europa ☐ por el mundo ☐.
e. .... en el mar ☐ en la piscina ☐.
f. .... temprano ☐ tarde ☐.
g. .... mensajes por WhatsApp ☐ por correo electrónico ☐.
h. .... tarde los viernes ☐ los sábados ☐.
i. .... por teléfono con mi hermano ☐ mi pareja ☐.
j. .... por la playa ☐ por la montaña ☐.

2. Completa las frases con los verbos reflexivos del ejercicio anterior.

a. Juan .... temprano para ir al trabajo.
b. Me gusta mucho .... con mis amigos.
c. Los españoles .... muy tarde los fines de semana.
d. María .... en la playa con sus amigos.
e. Los lunes (yo) .... a las 7:00 para ir a clase.
f. Luis .... mucho con Paula y Sergio.

setenta y tres | 73

UNIDAD **9** | EXAMEN DELE

COMPRENSIÓN DE LECTURA

Lee las informaciones de estas personas. Completa las oraciones que aparecen a continuación con la información del texto.

Ejemplo:

0. Alba y Héctor hacen ......cinco...... comidas.

ALBA *Vegetariana*	**VÍCTOR** *Vegano*	**JUDITH** *Omnívora*	**ESTHER** *Omnívora*	**HÉCTOR** *Vegetariano*
Hábitos saludables: - hacer 5 comidas - hacer yoga - dormir la siesta	**Hábitos saludables:** - tomar 3 tazas de té - reírse - dar paseos	**Hábitos saludables:** - dormir 8 horas - dar abrazos - reírse	**Hábitos saludables:** - dar paseos - dormir la siesta - hacer ejercicio	**Hábitos saludables:** - comer chocolate - hacer 5 comidas - hacer yoga
Frutas: plátano	**Frutas:** uvas y plátano	**Frutas:** uvas	**Frutas:** piña y plátano	**Frutas:** piña
Verduras: pimiento	**Verduras:** pimiento	**Verduras:** brécol y zanahoria	**Verduras:** berenjena y brécol	**Verduras:** zanahoria
Horarios de comida: de lunes a viernes: 15:00 sábado-domingo: 16:00	**Horarios de comida:** de lunes a viernes: 15:30 sábado-domingo: 16:00	**Horarios de comida:** de lunes a sábado: 15:00 domingo: 15:30	**Horarios de comida:** de lunes a sábado: 14:30 domingo: 15:30	**Horarios de comida:** de lunes a viernes: 14:00 sábado-domingo: 15:00
Horarios de cena: de lunes a domingo: 21:30	**Horarios de cena:** de lunes a domingo: 21:00	**Horarios de cena:** de lunes a sábado: 21:00 domingo: 22:00	**Horarios de cena:** de lunes a viernes y domingo: 21:30 sábado: 22:00	**Horarios de cena:** de lunes a sábado: 20:30 domingo: 22:00
Deportes: montañismo y tenis	**Deportes:** bádminton y tenis	**Deportes:** patinaje	**Deportes:** ciclismo	**Deportes:** natación y tenis
Consejo: debe comer más verdura.	**Consejo:** debe beber más agua y hacer yoga.	**Consejo:** debe comer más fruta y verdura.	**Consejo:** debe dormir 8 horas y hacer yoga.	**Consejo:** debe hacer ejercicio y beber té.

1. A Esther y a Víctor les gusta dar .... y el ....

2. Judith y Esther son ....

3. Víctor y Esther deben hacer ....

4. Alba y .... comen los viernes a las 15:00.

5. Héctor y Víctor juegan al ....

6. .... practica deportes de montaña.

7. A Esther y a Héctor les gusta la ....

COMPRENSIÓN AUDITIVA

31 **1** Vas a escuchar a Irene hablando de los hábitos que tienen sus compañeros de trabajo y ella. Cada audición se repite dos veces. Relaciona cada persona con una letra (columna de la derecha). Hay tres letras que no debes seleccionar.

Ejemplo:
0: Irene: *¡Me gusta mucho el té verde!*
La opción correcta es la j.

0.	Irene	j
1.	Ernesto	
2.	Óscar	
3.	Manuel	
4.	Andrea	
5.	Isabel	
6.	Mercedes	
7.	Javier	
8.	Míriam	

a.	hace yoga.
b.	es deportista.
c.	come pollo.
d.	debe reírse más.
e.	bebe poca agua.
f.	es vegetariana.
g.	come mucho pescado.
h.	tiene una dieta mediterránea.
i.	bebe refrescos.
j.	bebe té verde.
k.	toma medicamentos.
l.	sale con sus amigos.

32 **2** Ángela le cuenta a un amigo cómo son sus hábitos diarios. Completa el texto con la información que falta. Escucharás la audición tres veces.

Ejemplo:
0. Ángela hace ....*cinco*...... comidas al día.

1. Bebe .... tres veces al día.

2. El .... le gusta mucho.

3. Todos los días come .... gramos de chocolate.

4. Nunca bebe ....

5. Piensa que tiene que .... un poco más.

6. Cree que la leche caliente es un .... sedante.

7. Solo duerme .... horas.

setenta y cinco | 75

UNIDAD 10 | ¿QUÉ EXPERIENCIAS IMPORTANTES HAS TENIDO? | SECUENCIA 1

1 LOS PREMIOS NOBEL

1. Alfred Nobel, químico, ingeniero e inventor sueco, es famoso por crear los premios que llevan su nombre.

A. ¿Qué materia de los Nobel te parece más importante? Justifica tu respuesta.

Paz | Física | Química | Economía | Medicina | Literatura

La materia más importante para mí es .... porque ....

B. Otros premios, como los Princesa de Asturias, reconocen otras materias. ¿Qué otras materias te parecen más interesantes?

....

....

2. Ahora, completa el crucigrama con los participios de los siguientes verbos.

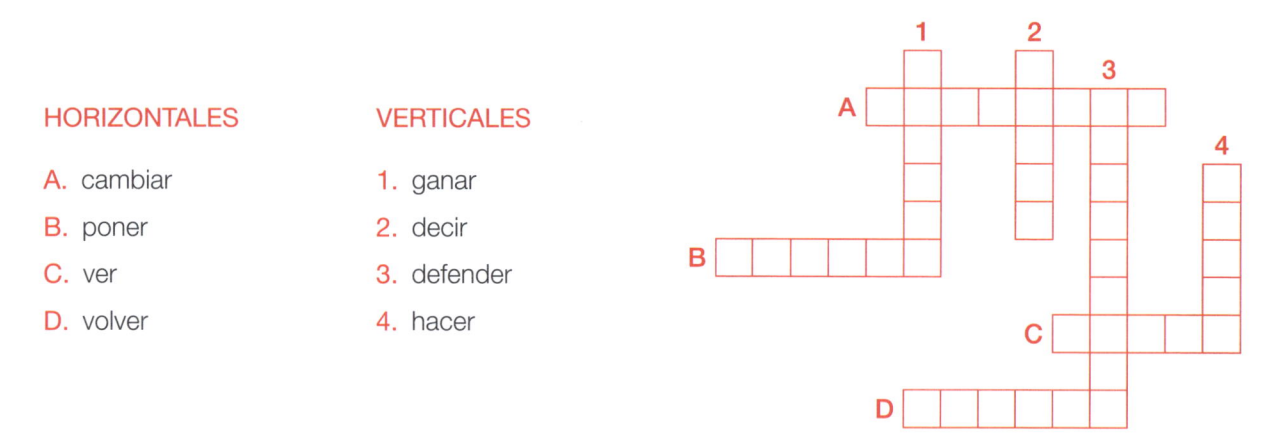

HORIZONTALES
A. cambiar
B. poner
C. ver
D. volver

VERTICALES
1. ganar
2. decir
3. defender
4. hacer

3. Aquí tienes unos inventores. ¿Qué han hecho? Completa las frases con la nacionalidad del inventor y el verbo en pretérito perfecto compuesto, como en el ejemplo.

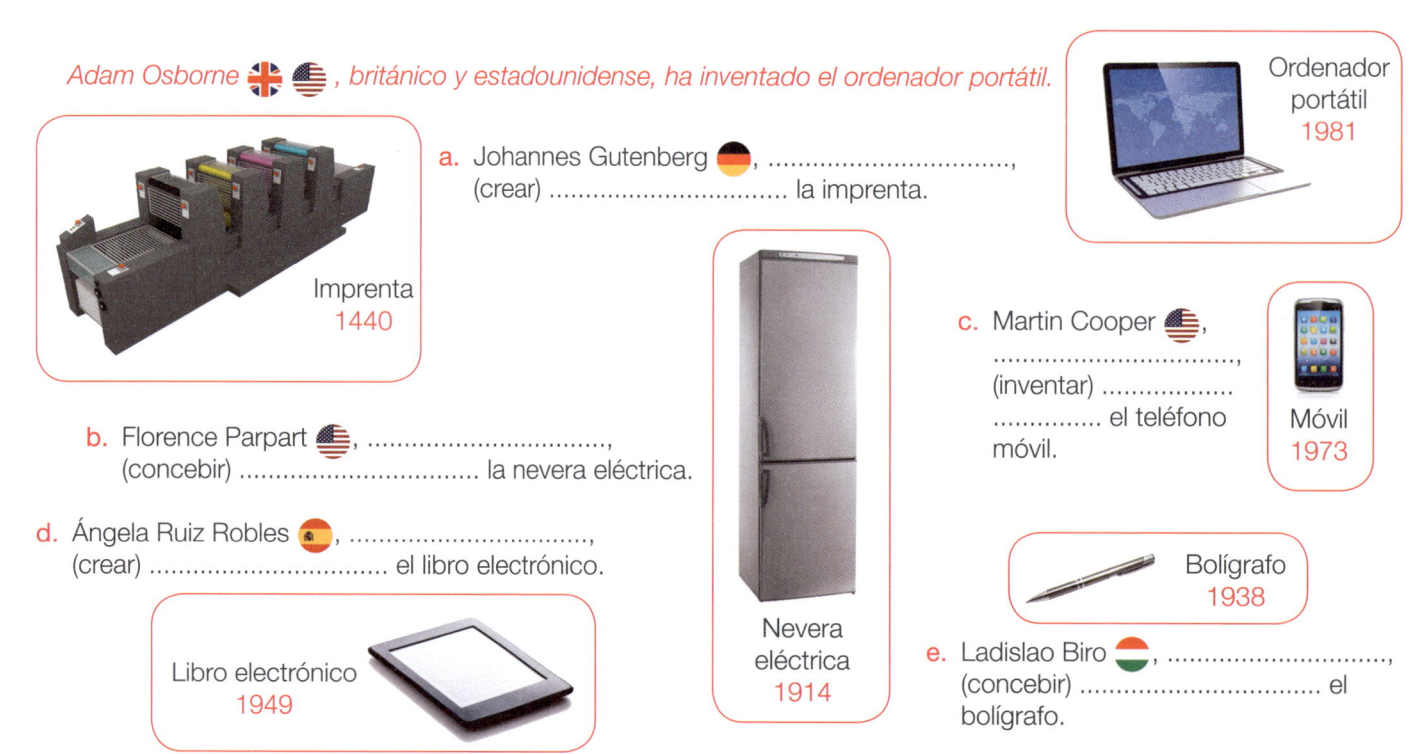

Adam Osborne 🇬🇧🇺🇸, británico y estadounidense, ha inventado el ordenador portátil.

Ordenador portátil
1981

a. Johannes Gutenberg 🇩🇪, ..., (crear) .... la imprenta.

Imprenta
1440

c. Martin Cooper 🇺🇸, ..., (inventar) .... el teléfono móvil.

Móvil
1973

b. Florence Parpart 🇺🇸, ..., (concebir) .... la nevera eléctrica.

d. Ángela Ruiz Robles 🇪🇸, ..., (crear) .... el libro electrónico.

Nevera eléctrica
1914

Bolígrafo
1938

e. Ladislao Biro 🇭🇺, ..., (concebir) .... el bolígrafo.

Libro electrónico
1949

76 | setenta y seis

4. Completa con pretérito perfecto compuesto las siguientes frases y di a qué invento del ejercicio 3 se refiere cada una, como en el ejemplo.

modernizar | permitir | ~~revolucionar~~ | facilitar | cambiar | ser

Ha revolucionado los sistemas informáticos. ⟶ *el ordenador portátil*.

a. .... la lectura con los avances tecnológicos del siglo xx. ⟶ ....
b. .... la difusión de la lectura a un público más amplio. ⟶ ....
c. .... la comunicación entre las personas. ⟶ ....
d. .... un gran avance en la forma de escribir. ⟶ ....
e. .... guardar la comida durante más tiempo. ⟶ ....

2 GANADORES DE UN PREMIO NOBEL

1. Estas figuras de la literatura hispanoamericana han recibido un Nobel. Escribe una pequeña presentación de cada una, como en el ejemplo. Utiliza *escribir*, *ser*, *recibir* y *componer*.

- Nobel de 1945: **Gabriela Mistral** (Chile, 1889-1957)

  Ha compuesto muchos poemas. Tala *y* Lagar *son los más conocidos. Es todavía la única mujer de un país hispanohablante que ha recibido el Nobel.*

- Nobel de 1971: **Pablo Neruda** (Chile, 1904-1973)

  Autor de muchos poemas. *Veinte poemas de amor y una canción desesperada* es el más conocido.

- Nobel de 1982: **Gabriel García Márquez** (Colombia, 1927-2014)

  Autor de *Cien años de soledad*. Una de las figuras del *boom* latinoamericano.

- Nobel de 1990: **Octavio Paz** (México, 1914-1998)

  Autor de *El laberinto de la soledad*. Premio Cervantes.

- Nobel de 2010: **Mario Vargas Llosa** (Perú, 1936)

  Autor de *Los cachorros*. Una de las figuras del *boom* latinoamericano. Premios Cervantes y Princesa de Asturias.

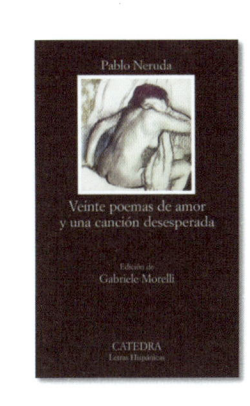

UNIDAD 10 | ¿QUÉ EXPERIENCIAS IMPORTANTES HAS TENIDO? | SECUENCIA 2

1 GENTE EXTRAORDINARIA

1. **Estos textos hablan sobre algunos de los inventos españoles más famosos. Completa conjugando los verbos en pretérito perfecto compuesto y señala a qué objeto se refiere cada uno.**

   a.
   > Es uno de los objetos que más utilizamos para limpiar la casa. Su inventor es el ingeniero Manuel Jalón y su invento nos (permitir) .... fregar el suelo sin ponernos de rodillas. Sin duda, (revolucionar) .... la forma de limpiar.

   b.
   > Pocos saben que esta golosina es de origen español. Su forma y su aspecto se (hacer) .... famosos en el mundo entero. ¿Quién no (ver) .... a alguien en la calle, en la tele o en el cine comiendo este rico caramelo?

   Fregona

   Helicóptero

   Chupachups

   Calculadora digital

   c.
   > Con esta máquina las operaciones matemáticas se (volver) .... más fáciles. Seguro que todos nosotros (defender) .... su uso en clase y en los exámenes, y gracias a ella (sacar) .... mejor nota. 😁

   d.
   > ¿Quién (decir) .... que solo los pájaros pueden volar? Juan de la Cierva (demostrar) .... que esto no es así y (diseñar) .... este aparato volador.

2. **Ahora, vuelve a leer los textos de la actividad anterior y completa el cuadro.**

Infinitivo	Participio regular

Infinitivo	Participio irregular

3. **Juega en clase a los inventos. En grupos, cada uno tiene que pensar en un objeto y dar pistas sobre él. El resto tiene que adivinar de qué se trata.**

   > Ha mejorado la movilidad de las personas en las grandes ciudades.

   > El patín

2 EXPERIENCIAS IMPORTANTES

1. **La revista *Estudiantes universitarios por el mundo* ha publicado una entrevista con João Rodrigues, ganador del concurso «Estudiar español en España». Completa con los verbos en pretérito perfecto compuesto.**

- Hola, João. ¿Cómo estás?
- Hola, Marta. Muy bien, gracias. Encantado de estar hoy aquí con vosotros.
- João, (ser) ……………… el ganador de la edición de este año del concurso «Estudiar español en España». ¿Estás contento?
- ¡Sí, mucho! Este año (presentarse) ……………… estudiantes de 13 países diferentes y todos (tener) ……………… que hacer pruebas muy difíciles. Pero estoy muy feliz porque al final el premio (ser) ……………… para Brasil y yo (tener) ……………… la oportunidad de pasar 2 meses en España.
- Creo que (volver) ……………… a casa hace poco, ¿no?
- Sí, hace una semana. Ahora intento retomar mi rutina diaria.
- ¿Cómo (ser) ……………… tu experiencia en España? ¿Dónde (vivir) ………………?
- La experiencia (encantar, a mí) ……………… . (Vivir) ……………… en Barcelona, una ciudad con muchas actividades para hacer y muchos sitios para visitar.
- ¿Dónde (estudiar) ………………?
- Los cursos (desarrollarse) ……………… en la universidad y es algo que (gustar, a mí) ……………… mucho porque (conocer) ……………… a muchos estudiantes extranjeros. (Aprender) ……………… mucho del idioma, pero también muchas cosas de otras culturas.
- ¿Y tu vida allí? ¿(Tener) ……………… choques culturales?
- No muchos, la verdad. La gente es muy amable y cariñosa. Siempre que (necesitar) ……………… algo, me (ayudar) ……………… . Claro que la comida o los horarios, por ejemplo, son muy diferentes a los de mi país.
- ¿Qué es lo que más (gustar, a ti) ……………… allí?
- ¡Muchas cosas! (Mejorar) ……………… mi nivel de español, (conocer) ……………… a gente muy interesante, (hacer) ……………… actividades nuevas, (ver) ……………… lugares preciosos… ¡Hasta (ponerse) ……………… un *piercing*! Ja, ja, ja.
- Ja, ja, ja. ¿Y lo que menos?
- Lo que menos… que (enamorarse) ……………… de una chica española y ahora (tener) ……………… que volver a mi país…
- Entiendo… las relaciones a distancia son difíciles…
- Sí, mucho…
- João, (ser) ……………… un placer hablar contigo y conocer tu experiencia. Muchas gracias por hablar con *Estudiantes universitarios por el mundo*.
- ¡Gracias a vosotros!

2. **Y tú, ¿has estudiado fuera de tu país como João? Explica cómo ha sido tu experiencia y si alguna vez…**

has vivido fuera de tu ciudad | has conocido gente de otros países | has probado comida extranjera
has tenido un choque cultural | te has enamorado

3. **En grupo, pregunta qué experiencias han tenido otras personas y haz valoraciones. Usa estas expresiones.**

¡Qué bien! | ¡Es fantástico! | ¡Estupendo! | ¡Perfecto!

UNIDAD 10   ¿QUÉ EXPERIENCIAS IMPORTANTES HAS TENIDO? | SECUENCIA 3

1 CAMBIAR DE VIDA

1. Está terminando el curso de español y Stephanie habla sobre sus sensaciones. Relaciona cada expresión con la frase que le corresponde.

a. estar satisfecha con…
b. estar cansada de…
c. estar abierta a…
d. estar motivada para…
e. estar dispuesta a…

1. Estoy harta de tener que estudiar los verbos irregulares.
2. Puedo dejar mi país y viajar a España para practicar todo lo que he aprendido.
3. Estoy muy contenta con la nota que he sacado en el examen.
4. Pienso hacer un curso de español en inmersión el año que viene.
5. Tengo muchas ganas de empezar el siguiente curso.

2. Ahora, une un elemento de cada columna para leer los comentarios que Stephanie hace sobre sus compañeros.

a. John está
b. Kevin y Anna están
c. Todos estamos
d. Algunas compañeras están
e. Sarah está

1. satisfechos
2. cansado
3. abierta
4. motivados
5. dispuestas

I. a trabajar en vacaciones para ganar un poco de dinero.
II. para estudiar en vacaciones y no olvidar lo que han aprendido.
III. de levantarse temprano todas las mañanas para ir a clase.
IV. con los resultados que hemos obtenido este curso.
V. a hacer un intercambio con un estudiante español.

3. Como Stephanie y sus compañeros, tú también estás terminando tu curso de español. ¿Qué sentimientos tienes? Completa las frases.

a. Estoy satisfecho/a con ....
b. Estoy cansado/a de ....
c. Estoy abierto/a a ....
d. Estoy motivado/a para ....
e. Estoy dispuesto/a a ....

4. Ahora, habla en clase y pregunta qué sentimientos tienen. Anota lo que te dicen.

....

5. Stephanie y su amigo Joseph quedan para hablar. Escucha y señala qué dice Stephanie, qué dice Joseph y qué no dice ninguno de los dos.

(Audio 33)

	Stephanie	Joseph	Ninguno
a. Está satisfecho/a con su asignatura de Literatura.	☐	☐	☐
b. Está motivado/a para trabajar.	☐	☐	☐
c. Está cansado/a de estar fuera de casa.	☐	☐	☐
d. Está motivado/a para estudiar.	☐	☐	☐
e. Está abierto/a a hacer un voluntariado.	☐	☐	☐
f. Está dispuesto/a a irse a África.	☐	☐	☐

80 | ochenta

6. Utiliza el pretérito perfecto y escribe las actividades que has hecho…

Hoy	Este mes	Este año

AYUDA

➲ Marcadores temporales con pretérito perfecto compuesto
- Hoy
- Esta mañana
- Esta tarde
- Esta noche
- Esta semana
- Este mes
- Este año

7. Ahora, comenta en parejas, ¿cuáles habéis hecho? ¿Cuáles son diferentes?

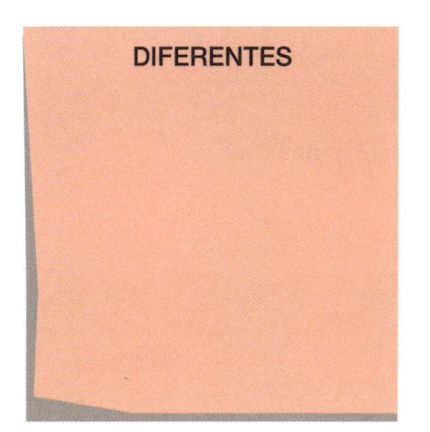

IGUALES

DIFERENTES

🎧 LABORATORIO DE FONÉTICA

La acentuación de los monosílabos

Los monosílabos son palabras de una sola sílaba y normalmente no se acentúan, excepto en algunos casos, cuando son palabras iguales, pero de distinto significado.

Llevan tilde (')

- *Mí* y *tú*: son pronombres personales.
  A **mí** me gusta la Física.
  Tú eres español.

- *Él*: es pronombre personal.
  Él es un matemático muy famoso.

- *Sí*: es una afirmación (contrario de *no*).
  Sí, es verdad lo que dices.

- *Sé*: forma *yo* del verbo *saber*.
  Yo **sé** la respuesta.

No llevan tilde (')

- *Mi* y *tu*: son posesivos.
  Mi personaje favorito es Rigoberta Menchú.
  Tu libro es fantástico.

- *El*: es artículo determinado.
  A mí me gusta **el** arte.

- *Si*: es una condición.
  Voy al cine **si** volvemos pronto.

- *Se*: es pronombre.
  Juan **se** ha casado tres veces.

1. Lee y subraya la opción correcta.

   a. Quiero vivir con intensidad **mi/mí** vida.
   b. A **mi/mí** me interesa mucho la Literatura.
   c. ¿Estás contento con **tu/tú** vida?
   d. ¿**Tu/Tú** has volado alguna vez en globo?
   e. **El/Él** está cansado de la rutina.
   f. En **el/él** futuro quiero ser médica.
   g. **Si/Sí** estoy motivado, aprendo mejor.
   h. **Si/Sí**, es verdad, los héroes **si/sí** existen.
   i. **Se/Sé** ha enamorado de su mejor amigo.
   j. **Se/Sé** responder a esta pregunta.

2. Escribe ejemplos de frases con monosílabos con y sin tilde.

UNIDAD 10 | EXAMEN DELE

COMPRENSIÓN DE LECTURA

Lee estas notas. Relaciona cada nota con la frase correspondiente. Hay tres notas que no debes seleccionar.

Ejemplo:
0. Escribir correo electrónico.
*La opción correcta es la **a**.*

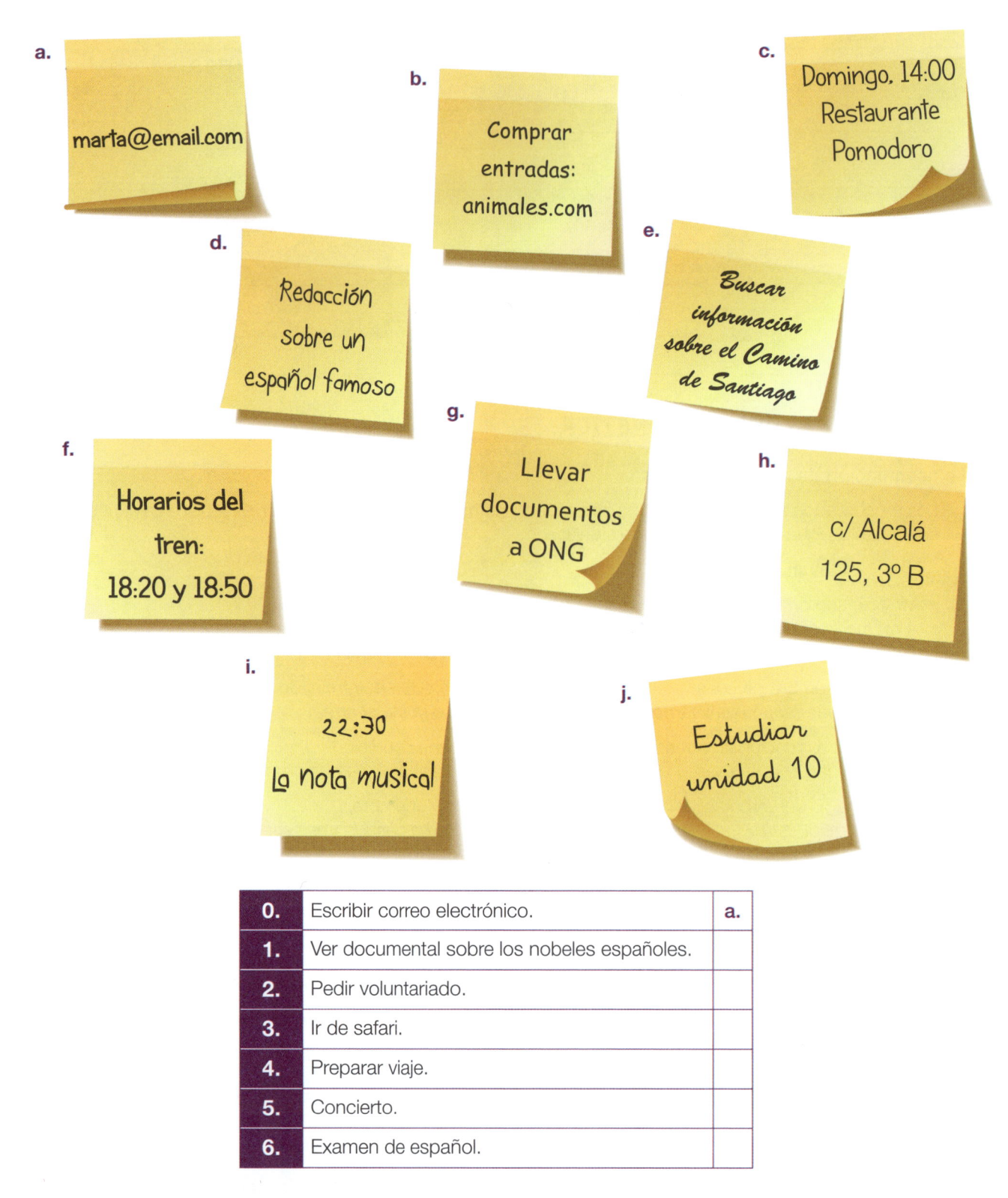

a. marta@email.com

b. Comprar entradas: animales.com

c. Domingo, 14:00 Restaurante Pomodoro

d. Redacción sobre un español famoso

e. Buscar información sobre el Camino de Santiago

f. Horarios del tren: 18:20 y 18:50

g. Llevar documentos a ONG

h. c/ Alcalá 125, 3º B

i. 22:30 La nota musical

j. Estudiar unidad 10

0.	Escribir correo electrónico.	a.
1.	Ver documental sobre los nobeles españoles.	
2.	Pedir voluntariado.	
3.	Ir de safari.	
4.	Preparar viaje.	
5.	Concierto.	
6.	Examen de español.	

COMPRENSIÓN AUDITIVA

1 Vas a escuchar a Diana hablar sobre los Premios Nobel españoles. Cada audición se repite dos veces. Relaciona cada número con una letra (columna de la derecha). Hay tres letras que no debes seleccionar.

Ejemplo:
0. Diana: *Hoy he visto un programa de televisión muy interesante sobre los Premios Nobel. La opción correcta es la g.*

0.	Diana	g
1.	Han ganado el Nobel	
2.	Dos de los Premios	
3.	José Echegaray	
4.	Jacinto Benavente	
5.	Camilo José Cela	
6.	Mario Vargas Llosa	
7.	Ramón y Cajal	
8.	Severo Ochoa gana el Nobel	

a.	53 años después de Ramón y Cajal.
b.	ha sido el matemático más importante del siglo XIX.
c.	tiene nacionalidad peruana y española.
d.	seis españoles.
e.	es un escritor del siglo XX.
f.	son de Literatura.
g.	ha visto un programa en la tele.
h.	ha sido escritor, director y productor de cine.
i.	ha visto un programa en Internet.
j.	son de Medicina.
k.	ocho españoles.
l.	ha ganado el primer Nobel de Ciencias.

2 Silvia habla con su amigo Miguel sobre su nuevo trabajo. Completa el texto con la información que falta. Escucharás la audición tres veces.

Ejemplo:
0. Silvia trabaja en un ......*colegio*...... nuevo.

1. El colegio está .... de su casa.

2. Silvia está .... en el trabajo.

3. Es un colegio .... y de ambiente familiar.

4. Da clases de Lengua Española en 2.º y 3.º y de .... en 4.º.

5. En cada clase hay .... estudiantes.

6. Silvia tiene clases los lunes, ... y viernes.

7. Los jueves tiene que estar en la ....

ochenta y tres | **83**

TRANSCRIPCIONES

UNIDAD 1
Pista 1
¿Eres española?, a. Es profesora., b. ¿Son argentinos?, c. Sois de París., d. ¿Te llamas Pablo?

Pista 2
a. Se llama Marc: eme, a, erre, ce. Se llama Isabel: i, ese, a, be, e, ele.
b. Es español. Es joven y deportista. Es piloto de motociclismo. Habla inglés, catalán y español. Se llama Marc y sus apellidos son Márquez Alentà.
Es de Lima, Perú. Es escritora y habla español e inglés. Se llama Isabel y sus apellidos son Allende Llona.

Pista 3
Ejemplo:
Mujer: Carlos, ¿tienes las entradas para el concierto de Enrique Iglesias?
Hombre: Sí, aquí están. Vamos mañana a las 22:00.
Narrador: ¿A qué hora es el concierto?
La opción correcta es la c.

Diálogo 1
Hombre: Hola, buenos días, ¿qué tal estáis? ¿De dónde sois?
Mujer: ¡Hola! Somos chinas, de Pekín, pero vivimos en Madrid.
Narrador: ¿Quiénes son?

Diálogo 2
Hombre: Buenos días, Laura. ¿Eres de Buenos Aires?
Mujer: No, no, yo soy canadiense, de Montreal, pero hablo español muy bien.
Narrador: ¿De dónde es Laura?

Diálogo 3
Mujer: Jorge, tú hablas muchas lenguas, ¿no? ¿Hablas francés y portugués?
Hombre: Sí, y también hablo español, pero no hablo árabe, ¡es muy difícil!
Narrador: ¿Qué lengua no habla Jorge?

Diálogo 4
Hombre: ¡Hola, Raquel! ¿Eres profesora? ¿Trabajas en una escuela?
Mujer: No, no, trabajo en un restaurante francés en el centro de la ciudad.
Narrador: ¿Cuál es la profesión de Raquel?

Diálogo 5
Mujer: Juan, ¿por qué estudias español?
Hombre: Porque tengo amigos en Chile, y hablo con ellos por Skype los fines de semana.
Narrador: ¿Por qué estudia español Juan?

UNIDAD 2
Pista 4
a. verano
b. ropa
c. diciembre
d. hora
e. abierto
f. calendario
g. serie
h. trabajar
i. perro
j. Laura

Pista 5
1. Los fines de semana por la mañana siempre me levanto tarde. Luego, desayuno y practico deporte en el parque del Retiro.
2. Yo por las tardes, después del trabajo, practico yoga. Después, en casa, me ducho y veo la tele antes de cenar.
3. De lunes a viernes, después de cenar, veo una serie o leo un libro.
4. Yo los sábados por la tarde tomo un café con mis amigos. Muchas veces los sábados por la noche bailamos en la discoteca.

Pista 6
Ejemplo:
Mujer: ¿De dónde vienes?
Hombre: Del supermercado, pero estaba cerrado.
Narrador: ¿De dónde viene el señor?
La opción correcta es la b.

Diálogo 1
Mujer: ¿Cuál es el horario del centro comercial?
Hombre: De diez de la mañana a diez de la noche.
Narrador: ¿A qué hora está cerrado el centro comercial?

Diálogo 2
Hombre: ¿Vamos mañana a tomar un café?
Mujer: Sí, vamos después del trabajo.
Narrador: ¿Adónde van mañana?

Diálogo 3
Hombre: ¡Buf! Hoy estoy muy cansado…
Mujer: Yo también. ¿Vemos una película después de cenar?
Narrador: ¿Qué hacen para relajarse?

Diálogo 4
Mujer: ¿Está abierto el gimnasio?
Hombre: No, en julio siempre cierra.
Narrador: ¿Cuándo está cerrado el gimnasio?

Diálogo 5
Hombre: El sábado por la mañana voy a correr al parque, ¿vienes?
Mujer: No puedo, tengo clase de tenis.
Narrador: ¿Qué hace Ana el sábado?

UNIDAD 3
Pista 7
Estoy muy contento con mi barrio porque tenemos todo lo que necesitamos para vivir. El colegio de mi hermano pequeño está muy cerca de casa. El trabajo de mis padres y mi universidad están más lejos, pero como hay dos paradas de autobús, no hay problema. Eso sí, no tenemos metro.
Hay bastantes supermercados y tiendas pequeñas de alimentación para hacer la compra, y un centro comercial, que tiene de todo: tiendas de ropa, cine y una farmacia que está abierta las 24 horas del día. Como en mi barrio hay muchos monumentos, hay una oficina de información para los turistas. También está el ayuntamiento y muy cerca, el hospital. Además, hay muchos restaurantes para comer y cenar, y muchos bares para tomar algo con los amigos.

Pista 8
a. colegio
b. pequeño
c. edificio
d. esquina
e. mercado
f. medicina
g. centro
h. Cuba
i. parque
j. cafetería

Pista 9
Ejemplo:
Estoy muy contento de vivir en esta ciudad porque hay muchos espacios verdes. Todos los días voy a correr y a practicar deporte.
La opción correcta es la e.
Mensaje 1: El centro histórico de Bilbao es la zona más turística de la ciudad. Se caracteriza por tener calles estrechas, edificios antiguos y muchas tiendas y restaurantes.
Mensaje 2: En la Puerta del Sol hay una oficina de información. Allí pueden darnos un plano de la ciudad y explicarnos dónde están los monumentos.
Mensaje 3: ¿El fin de semana vamos a la biblioteca? Tengo que consultar unos libros para hacer un trabajo de la universidad.
Mensaje 4: Sigue todo recto y luego toma la segunda a la derecha. El teatro está en la esquina, al final de la calle.
Mensaje 5: Para ir al trabajo tengo que tomar dos autobuses. Primero uno hasta el centro y luego otro hasta el barrio financiero.

UNIDAD 4
Pista 10
— Me llamo Lola. Mi foto de perfil de Facebook es una foto en blanco y negro con mi hijo Santi. No tengo WhatsApp. Mi pareja se llama Darío y es muy positivo. Soy muy alegre, pero a veces soy tímida. Mi signo es acuario. Tengo muchas fotos de Puebla.
— Soy Enrique. Tengo un carácter bastante difícil porque soy muy tímido. Mi signo es virgo. En mi perfil de Instagram tengo una foto de la playa. No tengo pareja. Mis fotos con mis amigos en Quito son fantásticas.
— Me llamo Luisa. Tengo Facebook e Instagram. En las dos redes sociales tengo una foto con mis amigos. Soy muy divertida y romántica. Mi pareja es Marcos y es muy sociable. Somos piscis. Tengo fotos con mi familia en Antigua.

Pista 11
a. Barcelona
b. utilizar
c. trabajador
d. favorito
e. Venezuela
f. aburrido
g. Zamora
h. Ciudad Real
i. veces
j. Almanzor

Pista 12
Ejemplo:
En mi perfil de Facebook y de Instagram tengo una foto, en blanco y negro, de una playa fantástica.
La opción correcta es la a.
Mensaje 1: Estos son mis abuelos Manuel y Carmen. Manuel es muy, muy romántico y mi abuela es bastante tímida. Tienen tres hijos y cuatro nietos.
Mensaje 2: Nuestra mascota es un gato. Se llama Aspi. Tiene un carácter sociable y divertido. En nuestra foto de perfil de Facebook estamos con él.
Mensaje 3: Sí, es verdad, mis padres son muy, muy familiares. Organizan fiestas en casa para toda la familia para las celebraciones de Navidad y Nochevieja.
Mensaje 4: Estos son mis tíos Miguel y Manuela. Mis tíos tienen dos hijos que son mis primos, Luisa y Simón. Mis tíos son muy trabajadores e inteligentes.
Mensaje 5: Mi pareja es muy alegre y positiva. Se llama Rodrigo y su signo es virgo. Tiene un perfil en Facebook con una foto muy bonita.

UNIDAD 5
Pista 13
— Soy Nuria y me gusta comer *sushi* en un restaurante japonés cerca de mi casa. No me gusta nada cocinar. Me encanta el color azul, el color del cielo. ¡Es muy bonito! Me gustan mucho las excursiones con mi marido y mis hijos.
— Soy Rafael, me encanta el color rojo, ¡el color del amor!, y comer *pizzas*. Me gusta mucho el deporte, a veces juego al fútbol con mis amigos, pero no me gusta nada ver partidos en la televisión. ¡Es muy aburrido! Prefiero el equipo del Real Madrid al del Barça.
— Soy Belén, me encanta Sevilla, es una ciudad fantástica con un centro histórico muy bonito. Me gustan mucho las hamburguesas de un restaurante cerca de mi trabajo. No me gusta el color naranja.

Pista 14
a. trabajo
b. Guillermo
c. amigo
d. alguno
e. hamburguesa
f. ejercicio
g. vegetariano
h. gimnasio
i. jardín

Pista 15
a. mujer
b. hijo
c. egoísta
d. jefe
e. lengua
f. guitarra
g. pareja
h. inteligente

Pista 16
Ejemplo:
Martina: A mí me encanta visitar el Jardín Botánico de Madrid y hacer muchas fotografías de las flores.
La opción correcta es la *k*.
Martina: A mi hermana Celia no le gustan las mismas cosas que a mí, a ella le gusta tomar café y hablar con sus amigos en el café Central.
Elige la opción correcta.
Martina: A mi padre le gusta mucho hacer puzles y le encanta preparar tapas para toda la familia, ¡las tapas de mi padre son muy buenas! Comemos tapas todos los fines de semana.
Elige la opción correcta.
Martina: A mi madre le gusta salir a pasear por la ciudad en primavera y le encanta Budapest, ¡qué ciudad tan bonita!, ¿verdad?
Elige la opción correcta.
Martina: A mi hermano Daniel le gusta el color amarillo, el color del sol.
Elige la opción correcta.

ochenta y cinco | 85

TRANSCRIPCIONES

Martina: A mi hermano Samuel le encanta hacer *rafting* en verano y comer *sushi* con amigos. ¡A mí no me gusta el *sushi*!
Elige la opción correcta.
Martina: A mi prima Alicia le gusta hacer escapadas los fines de semana y le gusta hacer excursiones a la montaña en bicicleta.
Elige la opción correcta.
Martina: A mi primo Gabriel le encanta ver todo el día muchas películas españolas.
Elige la opción correcta.
Martina: A mi tío Luis no le gusta ir al teatro, pero le encanta ir al cine para ver películas estadounidenses.
Elige la opción correcta.

Pista 17
Amigo: Sandra, ¿qué haces en tu tiempo libre? ¿Y los fines de semana?
Sandra: En mi tiempo libre me gusta mucho hacer deporte. Hay muchos gimnasios cerca de mi casa y yo voy al gimnasio todos los días. Nunca voy por la mañana porque hay mucha gente.
Los sábados salgo por la mañana con mis amigos a pasear por la montaña. Hacemos muchas fotos bonitas de paisajes. Por la tarde prefiero escuchar música y leer en casa. Por la noche salgo a bailar salsa, ¡me encanta bailar! Siempre bailo con mi amigo Javier, bailo muy bien.
Los domingos por la mañana me gusta ir con mi hermana al mercadillo del Rastro a pasear y a comprar. Después, vamos a comer juntas, a veces comemos paella o pollo asado. A mi hermana y a mí nos gustan las mismas comidas. Por la tarde vamos al cine con amigos y tomamos algo.

UNIDAD 6
Pista 18
- Oficina de viviendas.com, dígame.
- Hola, buenos días. Me llamo Gabriel Márquez y quiero alquilar mi casa.
- Muy bien, señor Márquez. ¿Qué tipo de vivienda es?
- Es un ático de 105 m².
- ¿Y cuántas habitaciones tiene?
- Tiene tres dormitorios, salón comedor, cocina y dos baños.
- Perfecto. ¿Qué precio quiere poner?
- 1400 € al mes.
- De acuerdo. Preparo el anuncio y se lo envío por correo electrónico para revisarlo.

b.
- Oficina de viviendas.com, buenas tardes.
- Buenas tardes, llamo porque quiero poner un anuncio de alquiler de mi casa.
- De acuerdo. Dígame su nombre, por favor.
- Sofía, Sofía García.
- Muy bien, señora García. ¿Qué tipo de vivienda quiere alquilar y qué características tiene?
- Es un estudio de 45 m² con cocina americana, un pequeño salón y un baño completo.
- ¿Y el precio del alquiler?
- 550 € al mes.
- Muy bien. Preparo el anuncio y la llamo por teléfono.

Pista 19
a. mucho
b. pequeño
c. habitación
d. tamaño
e. silla
f. coche
g. compañero
h. llamar
i. ducharse
j. hacer
k. ellos
l. hotel

Pista 20
Ejemplo:
Mis padres viven en un dúplex en el centro de la ciudad. Es una casa muy grande, luminosa y tranquila.
La opción correcta es la i.
Mensaje 1: Hola, buenos días. Llamo para preguntar por el anuncio de alquiler de un piso de 75 m², 2 dormitorios, cocina, salón y baño completo.
Mensaje 2: Marcos, ayúdame a buscar en viviendas.com un piso en Barcelona. Solo falta un mes para irnos a vivir allí y todavía no tenemos casa.
Mensaje 3: Mamá, ¿sabes que los vecinos del 5.º A se van del edificio? En la ventana de su casa hay un anuncio de alquiler.
Mensaje 4: Este año mis amigos y yo queremos ir de vacaciones a una casa rural para descansar y hacer actividades al aire libre.
Mensaje 5: Tengo que comprar un microondas nuevo porque el mío está estropeado y no funciona bien, la comida no se calienta.

UNIDAD 7
Pista 21
- La comida española es muy rica y muy diferente a la de nuestro país.
- A mí también me gusta la comida de aquí, pero prefiero la italiana. ¿Tú no?
- No sé… aquí hacen platos que me gustan mucho, como las croquetas y las gambas al ajillo.
- ¿Te gustan las croquetas? ¡Buf! A mí no me gustan nada. Y las gambas al ajillo no puedo comerlas porque soy alérgica.
- Ya, por eso tú prefieres los calamares a la romana.
- Sí, los calamares me gustan mucho. ¿A ti te gustan?
- Un poco… Hay una cosa que yo tampoco puedo comer, las patatas bravas. Es que no me gusta nada el picante.
- Pues a mí me gustan bastante, igual que la tortilla de patata.
- A mí me gusta mucho la tortilla de patata, está muy buena.

Pista 22
a. café
b. pescado
c. miércoles
d. terraza
e. jamón
f. número

Pista 23
a. fruta
b. ración
c. semana
d. patata
e. alérgico
f. aquí
g. tapa
h. cenar
i. rápido

Pista 24
Ejemplo:
Olivia: Este fin de semana hay una fiesta muy importante en mi casa.
La opción correcta es la *e*.
Olivia: El sábado es el cumpleaños de mi padre, cumple 55 años, y viene toda la familia a visitarnos.
Elige la opción correcta.
Olivia: También vienen mis tíos Carlos y Marta, que viven en Londres desde hace muchos años.
Elige la opción correcta.
Olivia: Siempre que vienen, mi madre prepara comida típica española porque a ellos les gusta mucho y dicen que los restaurantes españoles de Inglaterra son diferentes.
Elige la opción correcta.
Olivia: A Marta le encantan los calamares a la romana y las gambas al ajillo.
Elige la opción correcta.
Olivia: Carlos prefiere las croquetas y las tostadas de jamón con tomate.
Elige la opción correcta.
Olivia: A mí no me gusta ninguno de esos platos porque soy vegetariana. Por eso, mi madre siempre hace una tortilla de patata y una ensalada para mí.
Elige la opción correcta.
Olivia: Mi abuela Carmen prepara albóndigas para mi hermano porque sabe que le gustan mucho. Él siempre dice que las albóndigas de nuestra abuela son las mejores.
Elige la opción correcta.
Olivia: A mí me encantan estas fiestas porque estamos todos juntos y nos divertimos mucho.
Elige la opción correcta.

Pista 25
Paula: ¡Hola, Martín! ¡Cuánto tiempo! ¿Cómo estás? ¿Qué tal en Berlín?
Martín: ¡Hola, Paula! Estoy bien, muy bien. Berlín es una ciudad fantástica y me gusta mucho vivir aquí. También estoy muy contento con el trabajo porque tengo un horario muy bueno. Salgo de la oficina a las cuatro y después voy a clases de alemán de seis y media a siete y media. En la oficina todo el mundo es muy amable conmigo y ya tengo algunos amigos. Además, ahora como ya puedo hablar un poco, todo es más fácil. Bueno, te llamo porque la semana que viene voy a Valencia para una reunión de trabajo. No tengo mucho tiempo libre, pero si quieres cenamos en el restaurante asiático de siempre. Podemos quedar el viernes o el sábado porque el domingo por la tarde vuelvo a Berlín. Mañana te llamo para decirte cuándo. ¿Qué te parece el plan?

UNIDAD 8
Pista 26
— Soy Celia, me encanta la ropa. Mi estilo es muy elegante. En mi armario hay muchas prendas. Compro ropa con mucha frecuencia, en general, una vez al mes. Uso toda mi ropa y no reciclo nada.
— Soy Cosme. No tengo un estilo definido. Mi ropa es moderna e informal. Tengo demasiada ropa, pero no me gusta ir a comprar ropa. Compro ropa cada seis meses. Tengo ropa que no uso y la vendo en Wallapop o eBay.
— Soy Alicia, mi estilo es muy original. Tengo bastante ropa. Compro ropa cada tres meses. ¡En mi ciudad hace mucho frío! Reciclo mi ropa.

Pista 27
Ejemplo: Me encanta correr y corro todos los domingos. Tengo muchas deportivas en mi armario, pero mis deportivas preferidas son de color rosa y amarillo.
La opción correcta es la *b*.
Mensaje 1: Mi amiga Isabel, cuando va a la playa en verano, lleva ropa muy cómoda. Lleva unos pantalones cortos azules, una camiseta blanca y rosa y una gorra.
Mensaje 2: En esta aplicación creo un avatar como yo. Tiene el pelo moreno y lleva gafas.
Mensaje 3: Necesito comprar algunas prendas de ropa de invierno para ir a la montaña. Necesito una bufanda verde, un gorro amarillo y un jersey gris.
Mensaje 4: Mi avatar es un hombre alto y delgado. Tiene el pelo rubio y los ojos son marrones. Lleva gafas negras.
Mensaje 5: Cuando voy a esquiar a la montaña, llevo ropa muy cómoda. Llevo siempre un gorro negro, una bufanda azul y un jersey rojo.

UNIDAD 9
Pista 28
a. siesta
b. memoria
c. cereales
d. aire
e. paseo
f. aceite
g. caer
h. leer
i. gimnasio

Pista 29
proteína – país – fría – depresión – también

Pista 30
— Soy Guadalupe. Hago natación los martes. Mi nadadora española preferida es Mireia Belmonte. Además, hago yoga dos veces por semana. Como mucha carne y poco pescado azul. Me encanta el brécol. Como plátanos para desayunar y piña para la cena.
— Soy Gloria. En el colegio hacemos patinaje. ¡Me encanta Javier Fernández! Quiero patinar como él. Me río mucho con mis amigos. No como mucha verdura porque no me gusta, pero sí como zanahorias. Tampoco me gusta la fruta, pero como una manzana todos los días.
— Soy Nicolás, soy muy deportista. Todos los días hago una hora de deporte. Me gusta estar en forma, corro en los parques de la ciudad. Bebo un poco de alcohol los sábados. Como verdura en todas las comidas, mis preferidas son las berenjenas y los pimientos asados. También me gustan mucho las uvas.

Pista 31
Ejemplo:
Irene: Mis compañeros y yo tenemos un estilo de vida diferente y a veces no es muy saludable. Todos los días tomo para desayunar dos frutas y té.

TRANSCRIPCIONES

¡Me gusta mucho el té verde! No tomo café. ¡Es muy excitante!
La opción correcta es la j.
Irene: Ernesto tiene una dieta muy sana: come frutas, verduras, pescado, pan, pasta, legumbres… todo con aceite de oliva, no toma azúcar ni grasas.
Elige la opción correcta.
Irene: Óscar come mucho pescado azul, ¡este alimento es muy bueno para el cerebro!
Elige la opción correcta.
Irene: Manuel hace todos los días 15 minutos de yoga en su casa, pero toma mucho café y no come fruta.
Elige la opción correcta.
Irene: Andrea solo consume en sus comidas frutas y verduras, ¡le encantan las zanahorias!
Elige la opción correcta.
Irene: Isabel es muy divertida, tiene muchos amigos y queda con sus amigos.
Elige la opción correcta.
Irene: Mercedes toma muchos refrescos, pero tiene un consumo moderado del café y del alcohol, toma muchas veces a la semana salchichas.
Elige la opción correcta.
Irene: Javier hace mucho deporte y bebe más de dos litros de agua al día.
Elige la opción correcta.
Irene: Míriam no se ríe mucho, pero es muy simpática. ¡Es bueno reírse para tener una vida más feliz!
Elige la opción correcta.

Pista 32
Amigo: ¡Hola, Ángela! ¿Tienes una vida saludable? ¿Qué puedes hacer para mejorar tu vida?
Ángela: Sí, mi vida diaria es saludable. Hago cinco comidas al día y bebo tres tazas de té verde. Como muchas berenjenas, zanahorias y pimientos, ¡me gusta mucho el brécol! También tomo mucha fruta y pescado. El aceite de oliva es muy importante en mis comidas. Como cuarenta gramos de chocolate al día para activar mi memoria. Además, no tomo café y a veces bebo un poco, pero no mucho, y solo los fines de semana. Para mejorar mi vida debo dormir un poco más. Por las noches no puedo dormir, pero no me gusta la leche caliente, que es un fantástico sedante. Es necesario dormir ocho horas y solo duermo seis.

UNIDAD 10
Pista 33
- ¡Joseph! ¿Cómo estás?
- ¡Stephanie! ¡Muy bien! ¿Y tú? ¿Qué tal?
- Bien, aquí ya ves que todo está como siempre. ¿Qué tal tu erasmus en Madrid? ¡Cuéntame cómo te ha ido!
- Pues ha sido estupendo. ¡Una experiencia inolvidable!
- ¿Qué tal las clases allí?
- Bien, estoy muy contento con todas las asignaturas que he tenido, pero sobre todo con Literatura Española, con esa estoy muy, muy satisfecho. Ya sabes lo que me gusta leer…
- ¡Qué bien! Y ahora que has vuelto a Berlín, ¿qué quieres hacer estas vacaciones? ¿Te apetece irte fuera otra vez?
- ¡No, no! Estoy cansado de estar fuera de casa, voy a estar aquí todo el tiempo. ¿Y tú?
- Yo estoy muy motivada para trabajar… He estado viendo opciones y estoy abierta a hacer un voluntariado.
- ¡Qué buena idea! Me parece muy interesante… Pero ¿aquí o en el extranjero?
- No lo he decidido, pero estoy dispuesta a irme a un país de África, por ejemplo.
- ¡Eso es fantástico!

Pista 34
Ejemplo:
Diana: Hoy he visto un programa de televisión muy interesante sobre los Premios Nobel.
La opción correcta es la g.
Diana: En España ocho personas han ganado este premio.
Elige la opción correcta.
Diana: De los ocho premios entregados, seis son de Literatura y dos de Medicina.
Elige la opción correcta.
Diana: Escritor, matemático, ingeniero y político, José Echegaray ha sido el primer español en ganar el Nobel de Literatura. Es el matemático español más importante del siglo XIX.
Elige la opción correcta.
Diana: El segundo Nobel de Literatura es el de Jacinto Benavente, escritor, director y productor de cine.
Elige la opción correcta.
Diana: También Juan Ramón Jiménez, Vicente Aleixandre y Camilo José Cela, importantes escritores del siglo XX, han recibido el Nobel de Literatura.
Elige la opción correcta.
Diana: El último autor en recibirlo ha sido Mario Vargas Llosa, desde 1993 es peruano y español.
Elige la opción correcta.
Diana: En el campo científico, un español, Santiago Ramón y Cajal, gana por primera vez el Nobel de Ciencias por sus investigaciones en Medicina.
Elige la opción correcta.
Diana: 53 años después Severo Ochoa recibe el mismo premio.
Elige la opción correcta.

Pista 35
Miguel: Hola, Silvia, ¿qué tal el trabajo?
Silvia: ¡Hola, Miguel! Bien, ahora estoy en un colegio nuevo. Es el Beatriz Galindo, está muy cerca de mi casa y voy andando. Estoy muy contenta. Es un colegio pequeño, por eso el ambiente entre los profesores es muy familiar. Doy clases de Lengua Española a los estudiantes de 2.º y de 3.º, y de Literatura a los de 4.º. Tengo 25 estudiantes en cada clase, son bastantes, pero son muy buenos. No hablan mucho y son bastante trabajadores. Es muy agradable trabajar con ellos. Además, solo tengo clase tres días: los lunes, miércoles y viernes. Los martes, de diez a doce, tengo tutorías para atender a los padres y los jueves estoy en la biblioteca toda la mañana con dos profesores. Allí corregimos los exámenes y preparamos las clases siguientes. ¡Me encanta mi trabajo!